# DES TÉLÉGRAPHES AÉRIENS ET ÉLECTRIQUES.

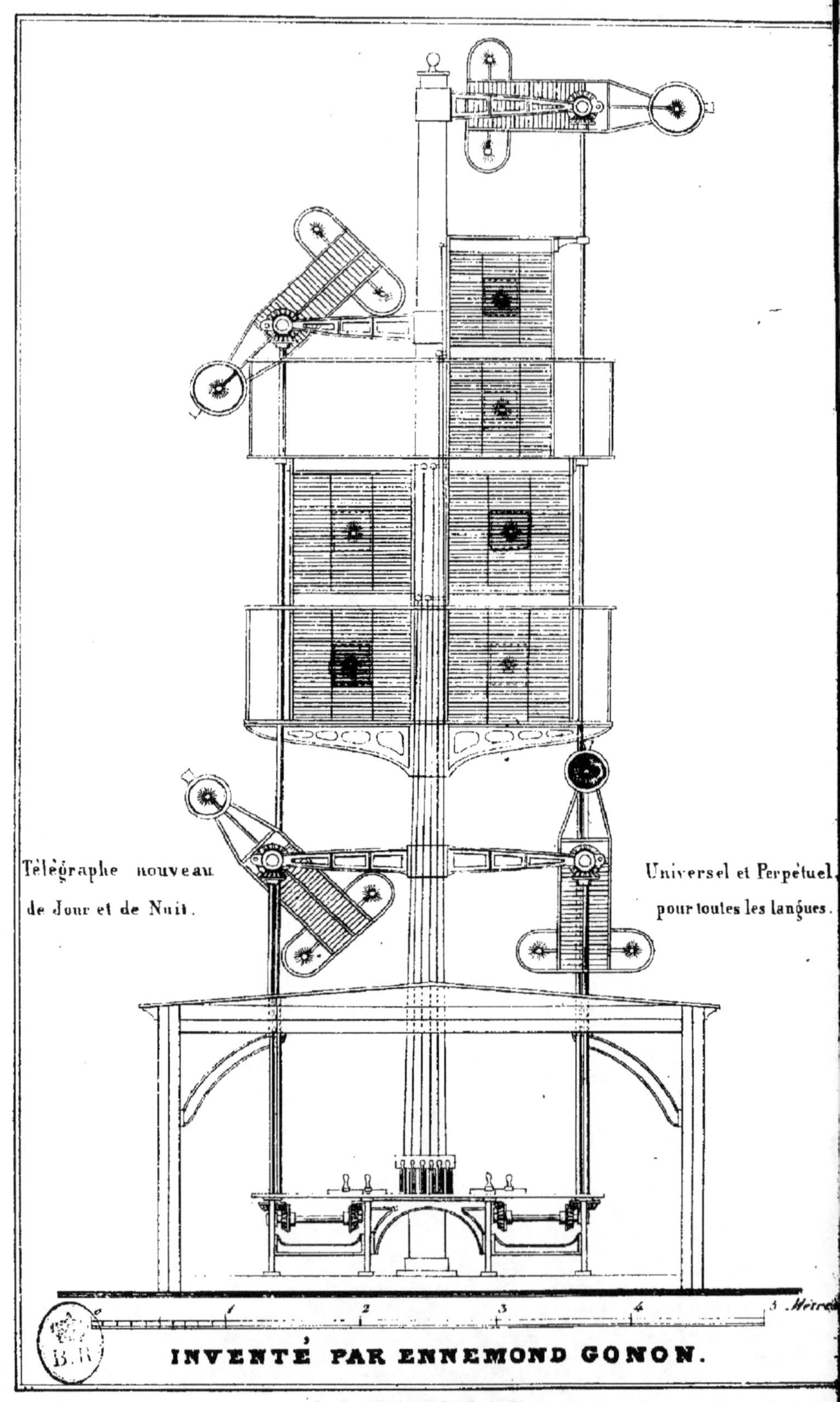


Daudan, lith du Roi, 3, r. du dauphin

DES

# TÉLÉGRAPHES AÉRIENS

## ET ÉLECTRIQUES

QUESTIONS MISES A LA PORTÉE DE TOUT LE MONDE

PAR

ENNEMOND GONON.

*Dédié à M. Gauguier,*

ANCIEN DÉPUTÉ.

PARIS,
A. SIROU, IMPRIMEUR-LIBRAIRE,
RUE DES NOYERS, 37.

1845

# A M. GAUGUIER,

ANCIEN DÉPUTÉ, A PARIS.

MONSIEUR ET CHER AMI,

Je réclame de votre bonne amitié la permission de vous dédier mon opuscule sur la télégraphie que j'ai mise à la portée de tout le monde.

Je désire, par ce faible hommage, vous témoigner la haute estime que j'ai conçue de votre noble caractère, la gratitude que je vous dois pour votre précieux concours dans mes travaux, et le dévouement sincère avec lequel je suis

Votre très-affectionné,

E. GONON.

Paris, 28 mai 1845

Paris, le 30 mai 1845.

## A M. ENNEMOND GONON,

INVENTEUR DU TÉLÉGRAPHE AÉRIEN PERPÉTUEL.

MONSIEUR ET CHER AMI,

Votre merveilleux système de télégraphie est appelé, sans aucun doute, à rendre de si nombreux et de si éminents services aux gouvernements et aux nations qui l'adopteront, que je me sens heureux d'avoir pu, selon votre désir, participer utilement à vos travaux.

Les motifs que vous voulez bien alléguer en me dédiant votre savant opuscule, me font accepter avec reconnaissance ce bon témoignage de votre amitié.

Croyez, mon cher Monsieur Gonon, que je suis avec un sincère attachement

Votre tout dévoué ami,

C. GAUGUIER.

DES

# TÉLÉGRAPHES AÉRIENS

## ET ÉLECTRIQUES

### QUESTIONS MISES A LA PORTÉE DE TOUT LE MONDE.

---

Un grand nombre d'hommes attachés au Gouvernement ou aux corps savants se préoccupent aujourd'hui de la question de la télégraphie. Déjà les Chambres en ont été saisies pour une allocation de crédit au budget, et il n'est pas jusqu'aux amateurs de découvertes nouvelles, aux esprits positifs, aux gens du monde même, qui ne s'y intéressent avec raison. Peu de personnes, néanmoins, se font une idée juste de cet art ; faute d'en connaître les premiers éléments, elles ne peuvent le considérer sous son véritable point de vue, ni en calculer les avantages. Le mystère dont il doit être d'ailleurs enveloppé jusqu'à un certain point, l'application restreinte qu'en a toujours faite le Pouvoir, et le cadre étroit dans lequel se sont maintenus à ce sujet tous les auteurs spéciaux, ont privé le public de renseignements instructifs et utiles.

Dans cet état de choses, une publication sur la télégraphie nous a paru devoir combler une lacune fâcheuse, et tirer en même temps, des circonstances présentes, un mérite d'opportunité.

Deux systèmes télégraphiques attirent en ce moment l'attention générale.

Le télégraphe électrique, qui est encore à l'état d'essai sur la ligne de Paris à Rouen, et que l'on construit aux frais du Gouvernement, d'après les instances réitérées de quelques hauts fonctionnaires intéressés à le faire valoir.

Le télégraphe aérien de jour et de nuit, qu'après vingt-cinq ans de recherches, après des épreuves publiques en France et en divers pays, je présente au Gouvernement, étayé du suffrage des hommes les plus éminents dans la politique, dans les sciences et dans les arts [1].

A ces deux systèmes se rattachent des observations que nous allons resserrer en cinq chapitres.

1° Sur le mode phrasique, le mode alphabétique, le mode syllabique et le mode lexique, employés en télégraphie;

2° Sur le télégraphe et sur le vocabulaire de MM. Chappe;

[1] On peut voir ce télégraphe, en grand, au Château des Brouillards, sur la butte Montmartre.

3° Sur le télégraphe de jour et de nuit, et sur le dictionnaire de M. E. Gonon;

4° Sur l'application du système télégraphique de M. Gonon à la correspondance de la diplomatie de la marine et de la guerre;

5° Sur le télégraphe électrique.

---

## CHAPITRE Ier.

Depuis la plus haute antiquité jusqu'à nos jours, on a cherché à employer quatre modes de correspondance télegraphique. Les trois premiers, savoir : les modes PHRASIQUE, ALPHABÉTIQUE et SYLLABIQUE ont dû, après des milliers d'expériences en tous pays, sur divers points ou sur des lignes de peu d'étendue, être immédiatement abandonnés, parce que, appliqués séparément ou combinés ensemble, ils étaient également défectueux. La France seule a fondé une grande administration pour un service de cette nature; aussi lui appartient-il plus qu'à toute autre puissance de recueillir les avantages d'un système nouveau qui se trouve être en harmonie parfaite avec ses besoins et ses progrès.

J'exposerai un peu plus loin ce système. Je dois expliquer d'abord *pourquoi* les modes nommés ci-dessus sont impraticables, et démontrer que le quatrième, le mode *lexique*, remplit seul toutes les conditions de l'art perfectionné des signaux.

Le mode PHRASIQUE fut le premier mis en usage alors que les hommes, divisés en peuplades, eurent senti le besoin d'établir entre eux des communications. Dans le principe, les signaux exprimèrent la bonne intelligence qui régnait entre pays voisins, ensuite ils servirent à prévenir les surprises et les massacres en cas de guerre, en transmettant des ordres et des avertissements. Il ne s'agissait que de montrer les objets sous toutes les formes, pour dire : « L'ennemi approche. » — « Préparez-vous au combat. » — « Portez-vous à droite ou à gauche. » — « Rendez - vous à discrétion. » — « Massacre général, etc. » Ces premiers télégraphes, s'ils attestaient l'enfance de l'art, firent naître du moins le désir d'en posséder de meilleurs. On ne tarda pas, en effet, à construire des machines à signaux moins grossières ; on composa de petits vocabulaires de phrases *toutes faites*, pour les appliquer aux besoins essentiels du temps et du lieu, et l'on parvint à faire coïncider ces phrases avec les mouvements des télégraphes.

Des savants se persuadèrent alors qu'il suffisait de perfectionner les instruments, d'augmenter le nombre des signaux, et de classer en ordre des phrases *arrêtées à l'avance* sur tous les sujets imaginables, pour obtenir un système de télégraphe. Cette opinion, partagée encore aujourd'hui par quelques hommes capables, est toutefois une erreur qui tombe devant le raisonnement et l'expérience. La pensée humaine est trop multiple dans ses combinaisons, le choix des mots est trop important, pour préciser les faits et le sens des choses; il y a trop d'imprévu dans les événements et dans les circonstances qui en dépendent, pour que des formules déterminées puissent jamais servir à une correspondance régulière. Voici d'ailleurs, à l'appui de cette assertion, un fait irrécusable.

Le plus étendu et le meilleur des systèmes télégraphiques phrasiques connus est celui du professeur Charrière, d'origine suisse, mort depuis peu à Moscou. L'instrument qu'il avait inventé donnait cinquante-cinq mille signaux, et son vocabulaire présentait en regard le même nombre de phrases. Eh bien! il ne put jamais rendre *exactement* une seule des dépêches qui lui furent données soit par l'empereur Alexandre, soit par d'autres personnes, en sorte que les trente années qu'il avait consacrées à cet immense travail furent perdues pour lui et pour la société. Son vocabulaire se composait de ces phrases banales et familières que l'on trouve dans les livres de dialogues de toutes les langues. Si le système de ce professeur, comme ceux de tous ses devanciers, ont été jugés mauvais, c'est parce qu'il ne s'agit pas, en télégraphie, de rendre à peu près le sens des dépêches, mais qu'il faut absolument les reproduire avec une parfaite exactitude.

Le mode phrasique ne peut donc être utile que dans certains cas prévus, d'un nombre très-limité, comme pour la police des routes et des chemins de fer, pour annoncer, dans les ports de mer, le départ et l'arrivée des navires, etc.

D'après le mode ALPHABÉTIQUE, on fait des mots avec des lettres, et l'on forme des phrases avec des mots. On a cherché inutilement à l'employer en divers pays, tels que l'Égypte, l'Espagne, la Turquie et l'Allemagne. Toutes ces petites lignes ont dû être détruites, en sorte qu'il ne reste pas un seul télégraphe alphabétique debout.

En théorie, ce mode paraît simple et facile, et néanmoins les obstacles qu'il rencontre dans l'exécution sont si grands et si nombreux que, depuis deux mille ans, on n'est pas encore parvenu à les vaincre.

Examinons les principales difficultés de la télégraphie alphabétique.

1° Pour former des mots, il faut grouper des lettres.

Quand on lit ou quand on écrit, on a sous les yeux ou dans l'esprit le tableau des mots. Si les lettres qui composent les mots se présentaient séparément, c'est-à-dire à distance les unes des autres, on ne pourrait lire ou écrire que d'une manière très-lente et incertaine, et ceux qui seraient chargés d'écouter la lecture ou de prendre connaissance de l'écrit rempliraient une tâche pénible sujette à beaucoup d'erreurs. Eh bien, ce cas serait précisément celui des signaux donnant une lettre après l'autre. Combien ne faut-il pas une attention soutenue de la part de celui qui expédie la dépêche? En outre, comme il y a très-souvent des mots de douze, quinze, et même de vingt lettres et plus, ce sont autant de signaux qu'il faut exécuter pour l'envoi de chacun de ces mots. Qu'on juge de l'inquiétude de celui qui, étant posté à l'extrémité de la ligne, reçoit avec lenteur, lettre par lettre, une dépêche un peu longue? Et s'il arrive que l'expéditionnaire, le correspondant ou le traducteur se trompe de signal ou de lettre, qu'il oublie de séparer quelques mots, qu'il en altère le sens, comment sortir d'embarras, si ce n'est en recommençant la dépêche? Et quand on a perdu ainsi un temps favorable, qu'on retrouve à peine quelquefois le lendemain, l'opportunité de la dépêche est-elle toujours de même? Non, assurément.

2° Après avoir produit des mots, il faut pouvoir facilement les séparer pour la clarté du sens. — Surcroît de signaux.

Pour comprendre comment cette opération met entrave aux dépêches, supposons une expédition de trois cents mots ; ce sont trois cents signaux de séparation qu'il faut exécuter de surplus pour éviter la confusion des mots. Somme totale : environ deux mille signaux. Or, il est de fait certain que, d'après le système alphabétique, un si grand nombre de mouvements entraîne des erreurs fréquentes et graves. Nous pourrions citer pour exemple les imprimeurs, qui, tout en ayant devant eux de la copie et des caractères, ne réussissent jamais du premier coup une épreuve. Mais nous ferons observer qu'ici les fautes sont parfois très-dangereuses parce qu'un NON-SENS peut compromettre les intérêts de l'État.

3° Il faut strictement observer la ponctuation, les alinéas, les soulignés, les tirets, les parenthèses, les apostrophes, les accents, les remarques, etc., pour rendre les dépêches avec fidélité.

La reproduction de tous les signes du discours est, à mon avis, une des conditions nécessaires de la vraie télégraphie. J'y attache une si haute importance qu'elle ne laisse rien à désirer dans mon système. On a vu cependant beaucoup d'inventeurs de signaux alphabétiques, et particulièrement des auteurs de systèmes électriques ne pas se préoccuper le moins du monde de cet objet. Aussi, l'expérience a-t-elle prouvé qu'ils n'ont jamais pu rendre une dépêche exactement *dans toute son intention et dans toutes ses nuances*.

4° Le mode alphabétique est si simple, si facile à déchiffrer, qu'il oblige à changer souvent de clés.

Indépendamment de la perte de temps que ces changements occasionnent, le nombre des signaux s'en accroît encore et l'attention des expéditionnaires doit redoubler, puisque *les mêmes signaux changent de valeur* suivant les clés. Le plus léger oubli, la moindre négligence fait tomber le traducteur dans un embarras qu'il est impossible de décrire.

On comprendra, d'après ces observations, que si la lenteur et les erreurs inhérentes au système alphabétique sont inévitables avec des administrateurs et des employés attentifs, elles le seront, à plus forte raison, avec des employés distraits, négligents, malveillants, tels qu'on en rencontre dans toute espèce d'administration.

5° Le mauvais temps, les brouillards amènent des retards considérables dans les expéditions.

Plus un télégraphe emploie de signaux ou de temps pour rendre les dépêches, plus il y a de chances d'interruption, à cause des variations de l'atmosphère. Jusqu'à présent, les télégraphes alphabétiques n'ont fourni que deux signaux au plus par minute. Donc, une dépêche de cent à cent vingt mots exigeant environ onze à douze cents signaux, n'arrive à sa destination (quelque rapprochée qu'elle soit) qu'après un espace de dix heures. — Quand tous les moyens de communication semblent rivaliser aujourd'hui de vitesse, il serait évidemment absurde de vouloir se servir d'un mode aussi vicieux sous tous les rapports que celui que nous venons d'examiner. Cependant, par une obstination aveugle, on prétend en renouveler des essais au moyen de l'électricité. Quelques hommes, illustres d'ailleurs dans les sciences (mais qui n'ont pas approfondi l'art de la télégraphie), se persuadent que ce mode doit justifier leur attente et leurs promesses. Rebelles à l'expérience des siècles, sourds à la voix des hommes compétents par leurs travaux, par leurs connaissances bien acquises, ils s'engagent dans une route fausse, et le pays, c'est-à-dire les contribuables payeront leurs mécomptes!

Le seul avantage du mode SYLLABIQUE sur le précédent consiste en une quantité un peu moins considérable de mouvements. Toutefois, la machine étant ici plus complexe, donne encore un trop grand nombre de signaux pour le faible résultat qu'elle produit.

Tous ceux qui ont fait usage du mode syllabique sur une grande échelle ont été obligés de l'abandonner après avoir reconnu qu'il est insuffisant pour une correspondance exacte et rapide.

Une seule voie pouvait conduire à la solution du grand problème de la télégraphie. Plusieurs savants y avaient pénétré, mais bientôt, découragés par les grandes difficultés qu'il leur fallait vaincre, ils l'avaient abandonnée. Il s'agit ici du mode *lexique*, c'est-à-dire d'un vocabulaire *de mots* dont les signes représentatifs expriment *des dépêches de toute nature, conçues dans toutes les langues*, avec une promptitude et une fidélité parfaites.

Jusqu'à ce moment, il n'y a pas eu de système de télégraphie complétement lexique. Celui de MM. Chappe est un amalgame des quatre modes que nous venons d'exposer. Le télégraphe de France présente, par conséquent, tous les inconvénients qui sont attachés aux modes phrasique, alphabétique, syllabique, et se trouve dépourvu des avantages du mode lexique, qu'il n'emploie que fort peu, ainsi que nous le démontrerons dans le chapitre suivant.

L'avantage du mode lexique sur les trois autres est dans la grande économie de signaux, laquelle entraîne l'économie du temps, à tel point, par exemple, qu'une dépêche de six à sept heures de durée au télégraphe de France puisse être rendue en dix à douze minutes, ainsi que je l'expérimente par mon système.

Or, pour obtenir cette économie, il fallait calculer le nombre de mots de la langue française et des principales langues étrangères, pour leur approprier des signaux.

Il fallait avoir une quantité suffisante de signaux, pour rendre *littéralement*, sans erreur, d'une manière impénétrable, les mots de toutes les langues, et par conséquent les dépêches de toute nature, dans le plus court espace de temps possible.

Ce problème si ardu, si complexe, je l'ai résolu après de longues et pénibles recherches. (*Voir* de plus amples détails au chapitre III, page 29.)

---

## CHAPITRE II.

### Télégraphe et vocabulaire de MM. Chappe.

Les trois frères Chappe, neveux du célèbre voyageur Chappe d'Auteroche, faisaient leurs études, l'un au séminaire d'Angers, les deux autres dans un pensionnat situé à une demi-lieue de la ville. Claude, le séminariste, cherchant à adoucir cette pénible séparation, imagina, pour correspondre avec ses frères, le moyen suivant. Il plaça aux deux bouts d'une règle de bois, deux espèces d'ailes qu'il faisait mouvoir à volonté, et dont il obtint 192 figures distinctement visibles par une lunette d'approche. Il eut l'idée de faire représenter des lettres et des mots par ces figures différentes, puis il donna avis de son invention à ses frères, qui en firent aussitôt usage dans l'intérêt de leur commune affection.

Ceci se passait peu avant la révolution de 1793. Lorsqu'arriva cette époque de rénovation dans les idées, les frères Chappe pensèrent que la France pourrait tirer un grand parti de leurs signaux, s'ils étaient appliqués sur une vaste échelle aux rapports du Gouvernement avec les villes de l'intérieur et de la frontière. Mus par un sentiment de patriotisme, ils s'appliquèrent à compléter l'œuvre qu'ils n'avaient fait qu'ébaucher, en s'aidant des travaux et des connaissances que leur parent, Léon Delaunay, ancien consul, avait acquises dans la langue chiffrée de la diplomatie. Quand ils eurent composé une langue télégraphique appropriée à leur instrument, ils présentèrent leur système à la Convention, qui ordonna qu'on en fît l'essai.

Les événements secondèrent ces inventeurs de la manière la plus heureuse, car leur télégraphe, qui serait peut-être resté à l'état de projet dans les cartons du ministère, comme le dit Claude Chappe lui-même, fut providentiellement inauguré pour l'annonce d'une victoire. Voici la dépêche qu'il envoya de la frontière : « La reprise de Condé sur les Autrichiens. » A quoi la Convention répondit : « L'armée du Nord a bien mérité de la patrie. » Ces deux expéditions, échangées séance tenante, déterminèrent l'adoption définitive d'une invention merveilleuse pour l'époque.

MM. Chappe eurent donc la gloire de fonder la télégraphie en France, d'en diriger par eux-mêmes les premiers établissements, avec le concours du célèbre horloger Bréguet, et d'organiser cette administration générale, qui a rendu, dans le commencement surtout, de très-importants services.

Quand on songe que, pendant une si longue suite de siècles, l'esprit humain avait échoué, malgré tous ses efforts, dans l'art des signaux, on se sent pénétré d'une estime et d'une reconnaissance profondes pour des inventeurs aussi utiles à la société.

Cependant, après avoir rendu ici un hommage sincère à la mémoire de MM. Chappe, nous allons examiner leur système pour montrer qu'il n'est plus en rapport avec les exigences de l'époque actuelle.

Leur télegraphe est complexe ; il se compose de trois pièces qui se meuvent plusieurs fois pour former un seul signal. La plus grande pièce est appelée *régulateur*, et les deux petites sont nommées *indicateurs*.

Le régulateur est un rectangle de 14 pieds de longueur sur 13 pouces de largeur; il est *traversé* par un axe qui le rend mobile. Cet axe traverse également un mât en forme d'échelle, placé verticalement.

Les deux indicateurs sont aussi deux rectangles de 6 pieds de longueur sur 1 pied de largeur; ils sont portés chacun sur un axe qui les rend mobiles aux deux extrémités du régulateur.

L'assemblage des trois pièces forme un *système* unique, élevé dans l'espace et soutenu par un seul point d'appui, l'axe de rotation du régulateur.

Le mât ou poteau qui soutient ce télégraphe est ordinairement en dehors du toit de la maisonnette; il a 14 à 15 pieds de hauteur.

Le régulateur de ce télégraphe prend quatre positions, savoir : la position verticale, horizontale, oblique de droite et oblique de gauche.

Les indicateurs peuvent former des angles droits, aigus ou obtus par rapport au régulateur. En les plaçant de 45 en 45 degrés, on leur donne huit positions, mais une de ces positions a été supprimée, parce qu'on ne l'apercevait pas assez distinctement.

Ainsi, les sept positions relatives du régulateur et des indicateurs donnent sept signaux, qui, multipliés par sept, font quarante-neuf, lesquels, multipliés également par les quatre positions du régulateur, font un total de cent quatre-vingt-seize signaux.

Le télégraphe de France ne possède donc que cent quatre-vingt-seize signaux primitifs, et encore, sur ce nombre, en a-t-on pris plus de la moitié, formés à l'oblique de gauche par la police des lignes, pour indiquer les accidents, le repos, l'activité, les brouillards, etc.

Il ne reste par conséquent que quatre-vingt-douze signaux primitifs formés à l'oblique de droite pour la correspondance générale.

Si l'on compare ces ressources avec les besoins d'une correspondance étendue, exacte et prompte, on voit aisément qu'elles sont insuffisantes. Avant de démontrer ce fait par des preuves, examinons les mauvais effets de la machine à signaux.

Il suffit de voir fonctionner cette machine étroite et longue pour comprendre qu'elle est peu visible à une certaine distance, et que, par un temps de pluie ou de brouillards, et d'autres effets atmosphériques, la juste position de ses signaux doit être très-difficile à saisir. Quand on considère, d'autre part, la quantité de mouvements que les expéditions exigent, on conçoit l'embarras, l'incertitude, la lenteur que ces expéditions entraînent. Pour donner *un demi-signal,* par exemple, il ne faut pas faire jouer moins que *toutes les pièces* de l'instrument. Qu'on apprécie le reste! En outre, la plupart des signaux demeurent quelquefois dix minutes ou un quart d'heure en place avant d'être aperçus et transmis; d'où il suit que les employés qui sont peu certains de la figure ou fatigués d'attendre, laissent souvent passer le signal au hasard, et commettent beaucoup d'erreurs. Ces faits, connus de tous ceux qui font partie de l'administration des télégraphes, attestent d'une manière convaincante que cet instrument n'offre pas un assez grand point de visibilité.

Les moyens du télégraphe Chappe sont si limités, qu'il faut employer au moins quatre signaux pour transmettre soit une lettre de l'alphabet, soit un point, une virgule, soit une simple séparation de mots, etc. Pour produire un signal complet, il faut faire une manœuvre en six temps bien séparés qui prennent au moins vingt-cinq à trente secondes quand l'état de l'atmosphère est favorable. Voici en quoi consiste cette opération : 1° observer la figure que forme d'abord à l'oblique le télégraphe précédent ; 2° répéter cette même figure ; 3° observer ensuite si ce signal est porté dans la direction horizontale ou verticale (ce qui veut dire que le signal est bon) ; 4° le porter de même ; 5° écrire ce signal ; 6° vérifier si le télégraphe suivant a reproduit exactement toutes ces figures.

Malgré cette complication d'exercices, ce signal est très-simple, comparativement à ceux où l'on doit changer de séries, de clés, de vocabulaires, etc., ce qui arrive à chaque instant. Comme il faut ajouter un signal d'avertissement pour chacune de ces opérations, il résulte que, pour transmettre un mot de dix lettres, on envoie plus de quatorze signaux. Or, il est impossible d'expédier rapidement des dépêches un peu longues par des moyens semblables. Aussi, l'administration, pour se tirer de tant de difficultés, a-t-elle soin de rendre toutes ces dépêches d'une manière très-laconique.

Le télégraphe Chappe est sujet, en outre, aux dérangements de toute espèce, à cause de sa forme étroite, mobile et très-allongée. Les trois pièces, dans certains développements, font ensemble une longueur de plus de vingt pieds sur un pied de largeur. Comme on place ordinairement les télégraphes sur les hauteurs, les pièces sont fort sujettes à se déranger, par l'effet du vent, du froid ou de la chaleur. Les cordes se cassent, s'allongent, etc.; dans les cas de bourrasques, il arrive même que la force de deux hommes ne suffit pas pour l'exécution des signaux. En résumé, cette machine présente peu de solidité.

Pour suppléer aux faibles services du télégraphe pendant le jour, on a essayé de le faire fonctionner pendant la nuit, au moyen d'un éclairage. Les frères Chappe, qui ont fait à ce sujet, dans l'espace de quarante ans, de nombreuses tentatives, ont employé successivement des bougies à réflecteurs, des lampes perfectionnées, des combustibles de toute sorte. Les feux se distinguaient assez bien, mais ils étaient tantôt éteints, tantôt cachés par les mouvements des pièces; les mèches charbonnaient, la lumière, en s'affaiblissant, devenait presque invisible; enfin, les erreurs étaient si fréquentes dans les expeditions, qu'on abandonna tous les systèmes de nuit.

Les successeurs de MM. Chappe se sont appliqués aux mêmes recherches, sans obtenir plus de succès.

Je borne là l'examen d'une machine dont je crois avoir signalé les plus notables inconvénients.

Passons aux vocabulaires de MM. Chappe.

Les trois vocabulaires de ces auteurs sont ensemble alphabétiques, syllabiques, phrasiques et lexiques. Les deux derniers, toutefois, ne peuvent servir que très-rarement, parce qu'ils ne fournissent qu'un très-petit nombre de phrases et de mots applicables aux besoins accidentels ou imprévus.

Les combinaisons de ces vocabulaires, employant un grand nombre de séries, occasionnent par là des erreurs et des lenteurs considérables. Messieurs les ministres, qui emploient le télégraphe, ont par devers eux des milliers de preuves du fait que j'avance.

Pour en donner une idée, disons comment on procède à l'administration.

Le télégraphe donne quatre-vingt-douze signaux pour la correspondance générale. Les vocabulaires, pour marcher d'accord avec l'instrument, ont chacun quatre-vingt-douze pages numérotées, depuis un jusqu'à quatre-vingt-douze. A chacune de ces pages, il y a une série de numéros, depuis 1 jusqu'à 92, et à chaque numéro, dans le vocabulaire des mots, des phrases ou des lettres, on a placé en regard, soit une lettre, soit une syllabe, soit un mot ou une phrase.

Maintenant, pour trouver l'explication des

signaux dans les vocabulaires, il faut que le télégraphe donne le signal qui indique d'abord le numéro de la page, et qu'il donne ensuite un autre signal pour indiquer l'un des numéros renfermés dans cette même page. Or, comme nous l'avons dit plus haut, pour produire un signal complet, il faut le porter premièrement à l'oblique, s'arrêter et le placer secondement à la verticale. A ce compte : deux signaux pour le numéro *de la* page, et deux autres signaux pour le numéro renfermé *dans* la page, faisant ensemble *quatre* signaux. Si l'on expédie un mot de dix lettres d'après le vocabulaire alphabétique (ce qui arrive fréquemment), il est évident que ce seul mot exige quarante signaux.

Le second vocabulaire de MM. Chappe ne renferme que des mots. Ainsi : quatre-vingt-douze pages, à quatre-vingt-douze mots chacune, font ensemble huit mille quatre cent soixante-quatre mots. Je demande ce qu'on peut obtenir, dans une correspondance générale et imprévue, avec une si faible ressource? Quand on sait que la langue française produit plus de quinze cent mille mots différemment orthographiés, sans compter les noms propres, de personnes, de sciences, d'arts, de métiers, etc.; quand on voit que les verbes seuls fournissent plus de neuf cent soixante mille mots aux conjugaisons, on peut juger si les huit mille quatre cent soixante-quatre mots du vocabulaire lexique de MM. Chappe sont suffisants ! Tout au contraire, comme ils ne sauraient être à la fois réguliers et irréguliers, masculins et féminins, singuliers et pluriels, ils ne s'emploient que très-rarement.

En outre, les traducteurs de dépêches, ne pouvant avoir gravés dans la mémoire ces huit mille quatre cent soixante-quatre mots, vont souvent chercher dans le dictionnaire des mots qui n'y sont pas, ce qui leur fait perdre un temps précieux. Ils sont arrêtés également par les changements de clés et par beaucoup d'autres difficultés, pour n'exprimer, en définitive, que la cent quatre-vingt-deuxième partie des mots français usuels. Toutes ces difficultés réunies, le temps nécessaire pour l'expédition de la plus courte dépêche, les erreurs qui naissent de l'insuffisance du vocabulaire et des changements de série, ont fait reconnaître par toutes les personnes au courant de la télégraphie, par les administrateurs eux-mêmes, que le résultat définitif est loin de répondre à tant de frais et à tant d'efforts.

Le troisième vocabulaire de MM. Chappe est phrasique.

Dans celui-ci, quatre-vingt-douze pages renferment chacune quatre-vingt-douze phrases. C'est le vocabulaire qui rend le moins de services, par la raison que les formules déterminées ne conviennent presque jamais pour une correspondance générale et imprévue.

S'il fallait employer les phrases toutes faites d'un vocabulaire, on serait l'esclave d'un guide très-pauvre, et l'on ne pourrait jamais suivre ses propres idées. Mieux vaudrait, suivant nous, ne point avoir de télégraphie que d'en pratiquer une aussi mauvaise.

Pour employer quelquefois ce vocabulaire, on l'a appliqué spécialement aux besoins de la guerre et de la marine, mais il n'est pas plus juste dans cette application que dans les autres. Il est également à peu près étranger aux questions de sciences, d'arts, d'industrie, de commerce, de politique, de justice, etc.

En résumé, voici comment se fait l'envoi d'une dépêche télégraphique, de quatre-vingts à cent mots, d'après le système de France.

Les trois quarts des mots au moins sont traduits en signaux d'après le vocabulaire des lettres et des syllabes. Un huitième tout au plus, d'après le vocabulaire des mots, et l'autre huitième d'après le vocabulaire des phrases et des demi-phrases. Le traducteur, on le voit, est obligé de passer continuellement d'un vocabulaire à un autre pour composer son travail; quelle que soit son habileté, il est rare qu'il ne commette pas d'erreur et qu'il n'emploie pas beaucoup de temps à une opération aussi longue et aussi difficile.

Une dépêche de cette étendue exige au moins huit à neuf cents signaux doubles. Supposons trente secondes par signal, dans les temps favorables, cela fait vingt-sept mille secondes ou sept heures et demie, pendant lesquelles doit régner une attention extrême sur toute la ligne des télégraphes. S'il se glisse une erreur, soit à la traduction, soit à l'expédition, et qu'il survienne du brouillard, on est obligé, non-seulement de recommencer la dépêche, mais presque toujours de la remettre au lendemain ou plus tard. De là les annonces fréquentes : « Interrompu par les brouillards, par la nuit, etc. »

Pour obvier aux difficultés, que font les traducteurs dans les moments pressés? ils suppriment des mots et même des phrases entières. Mais il s'ensuit que celui qui reçoit cette dépêche altérée, dont il ne peut comprendre le véritable sens, fait une réponse vague, et qu'une seconde expédition devient nécessaire pour expliquer la première. C'est par cette raison principalement que la correspondance télégraphique est dépassée de beaucoup par les voies de communications ordinaires et qu'elle manque entièrement son but.

D'après un relevé que j'ai fait de toutes les dépêches télégraphiques publiées dans le *Moniteur* de 1841, année fertile en grands événements intérieurs et extérieurs, on ne compte en totalité que quatre-vingt-dix-neuf missives, dans le nombre desquelles cinquante et une ont mis, deux, trois, quatre et jusqu'à six jours pour arriver à Paris!... Deux dépêches seulement ont dépassé le nombre de trois cents mots, deux le nombre de deux cents, et douze le nombre de cent. Toutes les autres se composaient de vingt, vingt-cinq, trente, quarante et quatre-vingt-dix mots au plus. Ce n'est donc pas à leur étendue qu'il faut attribuer la lenteur déplorable des expéditions.

Je sais bien que l'Administration a dû recevoir et envoyer d'autres dépêches qui n'ont pas été publiées, mais il y a lieu de penser qu'elles ont éprouvé, de même que les autres, les obstacles inhérents au système.

La meilleure critique de la télégraphie française est consignée dans le *Moniteur*.

Je citerai en outre, à l'appui de mes observations, un passage du livre de M. Chappe aîné sur cette matière.

« Mon travail, dit-il, facilitera les progrès de « l'art télégraphique, fournira des matériaux « et sera un point de départ pour ceux qui vou- « dront faire des recherches en ce genre. — La « télégraphie sera probablement plus étudiée « dans l'avenir qu'elle ne l'est aujourd'hui, et « nous continuerons par nos renseignements à « lui servir d'appui, lors même que nous n'exis- « terons plus. »

Plus loin il dit encore : « Comment n'avons- « nous pas deviné que des lignes télégraphiques « établies depuis les principaux points des côtes « et des frontières jusqu'à la capitale, pour- « raient faire du royaume de France le régula- « teur du commerce de l'Europe, et de Paris le « régulateur du commerce de la France ? Re- « marquez que cette suprématie ne peut être « enlevée à la France.... Sa position en Europe, « l'étendue de ses côtes sur les trois mers, la fa- « cilité qu'elle a de réunir par le télégraphe l'O- « céan à la Méditerranée et à la mer du Nord, « la mettent, pour les opérations de ce genre, « dans une situation unique, qui ne peut être « égalée par aucun pays. Et lors même que tou- « tes les puissances qui nous environnent se réu- « niraient pour correspondre télégraphique- « ment, elles ne trouveraient pas un point sur « toute l'étendue de leur domination qui pût

« être, comme la France le centre d'une com- « munication générale. »

Ailleurs, nous trouvons ces lignes remarquables, bien dignes d'un honnête homme qui ne craint pas de montrer le côté faible de son œuvre, dans l'espoir qu'on y portera remède.

« Les six douzièmes des dépêches qui sont « envoyées dans une année par les ministres et « les autorités à l'administration télégraphique « ou aux directeurs des télégraphes en province, « restent dans les cartons ou sont envoyées par « la poste ; trois autres douzièmes ne parvien- « nent à leur destination que six, douze, vingt- « quatre heures et souvent plus, après qu'elles « ont été remises à l'administration, et trois dou- « zièmes seulement parviennent aussi promp- « tement que possible. »

L'auteur ajoute enfin : « Qu'en hiver ses té- « légraphes sont si peu utiles au Gouvernement, « qu'il pourrait s'en passer facilement sans « nuire au service des administrations. » Pour compléter cette remarque, nous dirons que le manque absolu d'expéditions de nuit est un grand surcroît de retard dans les affaires publiques.

Après avoir rappelé l'opinion qu'avait de son œuvre M. Chappe lui-même, qu'ajouterai-je de plus pour prouver qu'elle était défectueuse dans le principe, qu'elle a été dépassée depuis vingt-cinq ans par les voies ordinaires de communication, et qu'il est temps enfin de placer ce mode de correspondance à la hauteur du progrès général? rien, si ce n'est que l'administration a grand tort vraiment de traiter avec dédain et malveillance les hommes qui lui offrent le fruit de leurs travaux éprouvés; qu'en préconisant un système tout à fait épuisé, elle fait preuve d'une intelligence peu éclairée et porte préjudice à l'État. Mais quelle que soit, du reste, son inertie, nous pensons qu'elle sera forcée sous peu de s'enquérir des progrès dans l'art et d'en admettre les résultats incontestables.

---

## CHAPITRE III.

### Sur le Télégraphe de jour et de nuit, et sur le Dictionnaire de M. E. Gonon.

Ainsi que nous l'avons déjà dit plus haut, c'est par le mode lexique exclusivement qu'on peut remplir les conditions d'une télégraphie perfectionnée.

Quelles sont ces conditions? L'universalité de son application, une communication exacte, rapide et facile à de très-grandes distances, pendant le jour et la nuit.

Tel est le système que je présente.

Je vais l'exposer succinctement, sans en divulguer toutefois ce qui doit rester secret.

J'ai présenté l'instrument qui fonctionne en France comme étant peu visible, peu solide et fort entravé dans ses nombreux mouvements.

Le mien devait donc en différer sur tous les points : complexe en apparence, parce qu'il réunit dix éléments, il n'en est pas moins très-simple, très-facile à faire mouvoir, à cause de la parfaite harmonie de son ensemble. La preuve de ce fait est dans la comparaison suivante : Je puis former un employé aux signaux dans quatre leçons d'une heure, tandis qu'au télégraphe de France il faut à peu près huit ou dix mois d'exercice pour qu'un homme soit au courant de sa tâche. Car il ne suffit pas, selon l'opinion de M. l'administrateur en chef des télégraphes, qu'une machine à signaux *paraisse simple*, il est nécessaire avant tout qu'elle *soit complète*.

Après avoir fait construire successivement trente-cinq télégraphes de combinaisons différentes, j'ai pu enfin imprimer au dernier un degré de perfection analogue à mon Dictionnaire. Il est composé de deux colonnes, dont l'une a 33 pieds de hauteur et l'autre 28. — A chacune de ces colonnes sont adaptées deux flèches mobiles. — La distance de 9 pieds qui existe entre ces quatre flèches, d'une colonne à l'autre, se trouve remplie par six croisées qui doivent simplement s'ouvrir et se fermer.

Tous les signaux de ce télégraphe se font par le moyen des quatre flèches et des six croisées, qu'un seul homme fait mouvoir aisément à l'aide d'un mécanisme parfaitement approprié.

Ce mécanisme ou répétiteur est placé dans la maisonnette des employés aux signaux; il consiste en quatre cadrans à manivelle qui correspondent aux quatre flèches, et en six touches qui correspondent aux six croisées.

Ce télégraphe présente, de loin comme de près, un point de visibilité qui ne se dérobe jamais au regard. Sa forme est bien proportionnée, et tous ses mouvements s'exécutent avec la plus grande précision.

On pourrait lui faire produire des millions de signaux sans changer de séries, de clés, de de vocabulaires, etc., contrairement à celui de France, qui a recours à ces moyens.

Le petit nombre d'éléments que possède ce dernier entraîne la complication des vocabulaires, et par suite, le défaut d'exactitude et de rapidité.—Inconvénients qui ne peuvent se produire dans mon système.

Dans les innombrables figures que je pouvais m'approprier, j'ai fait choix de 40,960 signaux qui suffisent complétement à tous les besoins d'une correspondance générale. Le seul rapport qui existe entre mon télégraphe et celui de France, c'est qu'il est composé de plusieurs pièces mobiles; mais mon télégraphe a cet immense avantage, que l'ensemble étant immobile et les parties étant mobiles, on peut le plus souvent représenter au même instant un signal complet, en se servant de cette mobilité même des parties qui la constituent. Mais je me hâte de faire remarquer cette différence toute en ma faveur, que très-souvent un seul mouvement est un signal complet, ce qui n'existe pas dans le système de M. Chappe. Au télégraphe de cet inventeur, il faut au moins deux ou trois mouvements dirigés en deux sens : à l'oblique, d'abord, et ensuite à l'horizontale ou à la verticale, pour compléter le signal. Rien de cela ne se pratique au mien.

Chacun de mes signaux représente dix, vingt et trente fois plus de valeurs lexigraphiques que le télégraphe de France; en outre, ces signaux se font en un, deux ou trois temps au plus, à raison de deux secondes chacun. De sorte qu'il est aisé à un employé intelligent de faire, au bout d'un mois d'exercice, dix et douze signaux par minute. Or, cette vitesse n'a jamais été atteinte par aucun télégraphe complexe.

La forme de mon télégraphe le rend propre à être placé sur des édifices publics et n'importe dans quelle localité.

Les précautions ont été si bien prises pour le rendre solide, qu'il est à l'abri de toute injure, et qu'il résiste aux plus violentes tempêtes.

Il n'y a que les forts brouillards qui puissent suspendre le cours de mes expéditions; mais comme il est constaté dans les annales de l'observatoire de Bruxelles, qu'il n'existe que deux cent soixante à trois cents heures de brouillard *fort* par année, et environ cent quarante à cent cinquante heures de brouillard léger, je n'ai, terme moyen, que trois quarts d'heure de perte par jour à craindre (les brouillards légers n'entravent pas mes dépêches), tandis que le télégraphe de France est arrêté non-seulement par les brouillards forts et par les brouillards légers, mais encore par beaucoup d'autres effets atmosphériques.

J'ajouterai encore qu'un cas de brouillard d'une durée de vingt-quatre heures ne se présente que deux ou trois fois dans l'année ; que dans les autres jours on a des éclaircies suffisamment longues, soit le jour, soit la nuit pour réparer la perte de temps des autres heures trop voilées, et que mon télégraphe, toujours prêt à fonctionner, met à profit ces instants de lucidité.

Bref, ce télégraphe étant indéchiffrable, il dispense des changements de séries, de clés, de vocabulaires, etc., et n'occasionne aucune perte de temps ni de signaux. D'où il suit qu'une dépêche de neuf cents à mille mots, s'expédie, par mon système, dans l'espace d'une heure, à la distance 100 à 200 lieues. Prenons pour exemple une expédition de Paris à Marseille. Il s'agit, supposons, d'une dépêche de 100 mots avec la ponctuation, les formes et les remarques de la correspondance.

Mes télégraphes, placés *à quatre lieues* de distance les uns des autres, à cause de leur grande visibilité, et de la bonne combinaison de leurs mouvements, présentent ici une ligne de soixante stations. Au moyen des lunettes, l'espace entre les stations étant, pour ainsi dire, annulé, un signal complet passe d'un télégraphe à l'autre en cinq ou six secondes au plus. L'expéditeur auquel on remet la dépêche à Paris pour l'envoyer à Marseille, donne ordre aussitôt de prévenir toute la ligne. Cette première opération prend deux ou trois minutes, durant lesquelles le traducteur prépare les premiers signaux qui s'exécutent immédiatement, et ainsi de suite. De cette manière, les signaux jouent sur toute la ligne, et ils sont traduits à mesure aux points de départ et d'arrivée, sans la moindre perte de temps. Au bout de *huit minutes*, les cent mots traduits en quatre-vingts ou soixante-dix figures arrivent exactement à leur destination.

Je défie les partisans de la télégraphie électrique de produire un résultat semblable ; en admettant même (ce que je nie formellement) que leur instrument fût bon et praticable pour une grande ligne, il ne rivaliserait jamais avec mon télégraphe aérien.

Comme dans les corps organisés où la matière est unie à un principe de vie, le télégraphe, cette machine parlante qui décèle une intelligence secrète, est le simple organe d'un vocabulaire.

Le vocabulaire, en télégraphie, est la première condition vitale d'un système. C'est de son universalité, de sa simplicité, de sa clarté, que dépendent le mérite et l'utilité de la machine à signaux. On ne saurait donc le composer avec trop de connaissance et de perfection. Jusqu'ici tous les systèmes ont été principalement défectueux dans cette partie, et malgré l'expérience des devanciers, les partisans de la télégraphie électrique se permettent de la négliger encore aujourd'hui. Il ne faut cependant pas être bien versé dans l'étude de l'art pour comprendre *qu'un trait allongé et un simple point répétés le nombre de fois convenable* (paroles de M. Arago à la Chambre des députés, d'après l'assertion de M. Foy, administrateur général) ne peuvent suffire à une correspondance générale. Une prétention de cette nature est erronée ou dérisoire.

Pour moi, je l'avouerai, pénétré des difficultés dont ce genre de travail était hérissé, j'ai employé à peu près les neuf dixièmes de mon temps aux combinaisons de mon vocabulaire.

J'ai commencé par énumérer et classer tous les mots appartenant à la langue française, après avoir compulsé les meilleurs dictionnaires, lesquels, soit dit par parenthèse, s'accordent fort peu. J'ai examiné ensuite les dictionnaires spéciaux de sciences, d'arts, de métiers, etc. Ayant trouvé que ces mots s'élèvent au nombre approximatif de *quinze cent mille* (sans compter les noms de personnes et de lieux), j'ai réglé en conséquence mes signaux. Ma langue télégraphique exprime donc tous les mots de la langue, chacun de ces mots dans les combinaisons qui lui sont propres, et, en outre, tous les mots nouveaux que l'on peut inventer.

La même méthode, appliquée aux principales langues étrangères, me donne les mêmes résultats. Le problème une fois résolu pour la nôtre, le reste était presque aisé. La langue anglaise ne produit d'ailleurs que *six cent mille mots* différemment orthographiés; la langue espagnole *neuf cent cinquante mille*, etc.

Les esprits investigateurs se demanderont sans doute ici en quoi consiste ma méthode. Et moi prudemment je m'abstiendrai de leur en donner la clé. Mais je leur dirai du moins, que le fond de nos opérations consiste en 40,960 figures, au moyen desquelles je rends *mot à mot* toutes les dépêches imaginables avec les citations des langues étrangères, les chiffres, les noms propres allemands, russes, polonais, turcs, arabes, etc.

Si l'on objecte que cette quantité de figures ou signaux étant inférieure de beaucoup à celle des mots français, la traduction littérale est difficile à concevoir, je répondrai que le mérite essentiel de mon vocabulaire consiste à fournir des signaux qui expriment chacun (une grande partie, sinon tous) deux, trois, quatre, huit, dix et jusqu'à deux ou trois cents mots, — et que cette brachigraphie précieuse me permet de rendre les dépêches vingt ou trente fois plus vite que le télégraphe de l'administration.

En résumé, *employer volontairement moins de signaux que de mots*, telle est la condition première de la vitesse que j'ai obtenue, — vitesse qu'en bien des circonstances importantes pour un gouvernement, je puis élever à un degré cent fois supérieur à celle d'un télégraphe électrique, si toutefois ce système était réalisable.

Enfin, les résultats de mon vocabulaire sont :

1° La traduction rapide des dépêches, quelque abstraites qu'elles soient — aux points de départ et d'arrivée ;

2° L'emploi d'un nombre de signaux moindre que celui des mots (ce point était le plus important à résoudre) ;

3° Le secret impénétrable des dépêches sans changement de clés, de séries, etc. ;

4° La reproduction textuelle des dépêches sans aucune erreur.

Pour qu'un système télégraphique soit complet, pour qu'il remplisse sa véritable destination, il faut qu'il soit praticable le jour et la nuit : grâce aux inductions successives de mes travaux, j'ai résolu aussi ce problême.

J'ai appliqué l'usage de mon télégraphe de

jour au service de nuit, de façon que, sans aucun changement ni dérangement, il puisse fonctionner à l'aide de l'éclairage, après un instant de préparation.

Le lecteur en connaît la forme. J'ai dit ailleurs qu'il présente six croisées qui s'ouvrent et se ferment sans oscillation, et par côté quatre flèches, qui font des évolutions autour de deux colonnes. Eh bien! je n'ai qu'à ajouter des feux *fixes* dans mes croisées, et des feux *mobiles* aux flèches pour indiquer les positions dans la nuit aussi nettement et même plus visiblement que dans le jour, toutes mes pièces étant placées de manière à se prêter une abondante clarté.

Ce point réglé, il me restait à trouver un bon élément de lumière, et j'ai réussi dans mes recherches. Un homme, très-expert dans la partie des gaz lumineux, M. Charolais, qui a fait en ce genre une belle découverte, m'a fourni un gaz épuré d'une lumière très-intense, lequel ne coûte que 2 centimes par bec et par heure, au lieu de 7 centimes, prix du gaz ordinaire, qui est bien inférieur au nôtre.

Ce nouveau gaz est d'une fabrication facile dans tous les pays du monde où l'on trouve des matières inflammables.

Quant au danger d'extinction de lumière, toutes les précautions ont été prises pour le prévenir. Le mouvement de mes flèches est court, bien régulier et les courants d'air des lanternes ont été ménagés de manière que celles-ci n'aient jamais à souffrir de la pluie ni du vent.

Notre appareil pour éclairer le télégraphe est si simple, que le premier venu, ou l'employé aux signaux pourrait y faire immédiatement les réparations nécessaires en cas de fuite. De même pour fabriquer le gaz, il n'est pas besoin d'un ouvrier spécial ; cette besogne est à la portée de tout le monde.

Ainsi, mon télégraphe de nuit présente pour avantages : la reproduction fidèle des signaux de jour, une lumière magnifique et toutes les garanties désirables quant à l'exactitude et à la solidité.

Il serait superflu de parler ici des essais malheureux tentés en tous genres par MM. Chappe et leurs successeurs, puisque le manque de réussite les a tous fait abandonner. Le télégraphe de MM. Chappe, entre autres inconvénients notables, exige de grandes évolutions pour chaque signal, ce qui fait que les lanternes qu'on a voulu y adapter ne pouvaient pas conserver un juste équilibre, non plus qu'une lumière vive, égale et soutenue. Le petit nombre de signaux primitifs appartenant à ce système, oblige d'ailleurs à changer souvent de séries, et ces opérations fréquentes, ainsi que je l'ai démontré, sont un obstacle insurmontable pour la promptitude et l'exactitude des expéditions.

Le fait est que le télégraphe de France n'a jamais pu envoyer pendant la nuit une dépêche un peu longue à une grande distance.

Tous les autres télégraphes de nuit ont été reconnus encore plus défectueux que celui de MM. Chappe.

---

## CHAPITRE IV.

### Sur l'application du système télégraphique de M. Gonon au service de la diplomatie, de la marine et de la guerre.

Tous les gouvernements se servent de chiffres et de figures dans les notes particulières qu'ils adressent à leurs agents dans la diplomatie, dans la marine et dans la guerre.

Les moyens anciens et même les nouveaux que l'on emploie dans cette correspondance sont en grande partie connus ou faciles à deviner. Il est donc urgent de remédier à un inconvénient aussi grave, si l'on veut tenir les secrets d'Etat à l'abri de la malveillance et ne plus voir tourner contre soi les missives ou les plans de campagnes dérobés aux porteurs par l'ennemi. Combien Napoléon eût été plus heureux, si les dépêches qu'il adressa à ses grands officiers le jour de la bataille de Waterloo eussent été *indéchiffrables* pour ceux qui les surprirent ! Ce grand homme n'aurait eu à déplorer ni des trahisons ni une défaite.

Ces considérations sérieuses m'ont fait approprier mon vocabulaire télégraphique à la correspondance secrète des gouvernements. Les juges compétents appelés à s'en servir auront tout lieu d'être satisfaits dans leurs exigences. Je me flatte d'obtenir leur haute approbation.

Jusqu'ici, la marine militaire et marchande des grandes puissances a employé généralement des signaux qui ne donnent que quelques phrases de convention. Elle n'a obtenu des mots que par des combinaisons de drapeaux représentant des lettres ou des syllabes. Ces méthodes, outre qu'elles sont faciles à deviner, occasionnent des lenteurs funestes et des inexactitudes continuelles. Tantôt le vent ou le mouvement des navires contrarie la pose des drapeaux,—tantôt ces drapeaux, retombant le long des mâts, au lieu de flotter, restent inaperçus par un temps de calme plat, — tantôt enfin ils ne se montrent que de profil et ne laissent pas distinguer leurs couleurs. Il arrive même que, par le temps *le plus favorable* à ce genre de communications, on est obligé de faire jouer les signaux pendant plus d'une demi-heure pour produire une dépêche de quelques mots.

Mon télégraphe est construit de manière à pouvoir être placé très-aisément sur les navires. Comme il offre toujours le même point de visibilité et qu'il se tourne à volonté dans toutes les directions où les ordres doivent être donnés, il favorise avec la plus grande célérité toutes les évolutions d'une escadre.

Pour ce qui concerne les armées de terre, ce télégraphe sera non moins essentiel. Chaque corps de troupe ayant ses instruments (qui se monteront et se démonteront à volonté) sur des chariots de transport, pourra les placer dans les situations les plus convenables pour correspondre au loin. En sorte que l'office du télégraphe remplaçant d'une manière mille fois plus sûre et plus prompte le service des aides-de-camp, ce précieux auxiliaire contribuera pour beaucoup au succès des batailles.

---

# CHAPITRE V.

## De la Télégraphie électrique.

La télégraphie électrique, connue depuis 1747, a été particulièrement expérimentée pendant les vingt dernières années qui viennent de s'écouler. En France, en Angleterre, aux Etats-Unis, en Allemagne, en Russie, des savants de premier ordre ont fait, dans l'intérêt des gouvernements, de nombreuses tentatives pour obtenir un système électrique praticable, et toutes leurs recherches, tous leurs efforts, n'ont abouti qu'à une solution que l'on peut regarder comme négative.

Ayant assisté à beaucoup de ces expériences en divers pays, j'ai pu reconnaître que la plupart des difficultés du télégraphe électrique sont restées invincibles. Si ce moyen de communication avait été moins défectueux, je n'aurais certes pas hésité à prendre cet instrument pour organe de mon dictionnaire.

Voici les raisons qui m'ont fait préférer un tout autre moyen.

1° On ne pourrait adapter au télégraphe électrique *le mode lexique universel*, dont j'ai démontré l'avantage incontestable sur tous les autres modes, à moins de très-grands frais.

2° On ne connaît pas encore le moyen de faire mouvoir ce télégraphe *sûrement et perpétuellement*, à travers les mille variations de l'atmosphère; et quoiqu'il ait été publié dans les journaux que le télégraphe électrique avait parfaitement fonctionné jour et nuit, de Paris à Rouen, j'ose affirmer que c'est faux, car depuis les anciens premiers essais de ce télégraphe jusqu'aujourd'hui, on ne peut justifier qu'il y en ait un seul qui ait marché six heures de suite.

Les inconvénients que présentent les variations de l'atmosphère sont déjà très-nombreux, et cependant tous ne sont pas encore connus. Je citerai comme exemples les nuages orageux, qui produisent un courant dans la ligne, si elle est placée dans l'atmosphère; les forts brouillards et la pluie, qui déchargent le fil conducteur le long des poteaux, et l'impossibilité de conserver des corps isolants dans l'air [1].

[1] La grande difficulté de conductibilité que présentent les corps permet difficilement de comprendre une propagation d'égale vitesse pour l'électricité dans chacun d'eux. Cette égalité de vitesse est cependant admise en principe par les physiciens, sans qu'il y ait aucune expérience positive qui soit venue la démontrer. Avant

3° Ce système a en outre des causes de déperdition dans l'application aérienne, le long des

même d'arriver à la solution de cette question, il en est une première qu'il faut préalablement résoudre : c'est celle de la vitesse réelle, certaine, mesurée, d'un courant électrique donné, dans un conducteur d'un métal, d'une section et d'une longueur données. On a dit, nous le savons, que cette vitesse était égale à celle de la lumière dans l'espace céleste ; ce n'était point assez : on a dit qu'elle lui était supérieure, qu'elle pouvait aller à 35 ou 36,000 myriamètres par seconde, la lumière n'en parcourant que 31,000. Cette affirmation nous a toujours paru bien précipitée, et nous craignons que l'on ne se soit laissé entraîner au penchant du merveilleux, qui suit l'homme jusque dans les sciences exactes.

La seule expérience qui ait été faite et publiée est celle de M. Wheatstone; d'autres ont été tentées depuis, mais elles sont restées tellement incomplètes, et le résultat en a été si incertain, si contradictoire, qu'on ne peut en tenir compte, puisque les auteurs ont reculé devant leur publication. Il est donc permis de se demander si l'expérience unique du savant Anglais est suffisante pour décider une telle question : on a droit de s'enquérir si l'instrument remplissait toutes les conditions de certitude pour une expérience aussi délicate; si cette expérience a été suffisamment répétée devant des physiciens compétents; s'il n'y a pas eu des illusions, des apparences lumineuses mal interprétées. Nous ajouterons encore que, lors même que toutes ces conditions de certitude eussent été remplies, la question ne nous paraîtrait jugée que pour le conducteur employé, traversé par la décharge d'une bouteille de Leyde, et non pour les courants galvaniques traversant des conducteurs de toutes longueurs, de toutes dimensions, et formés de substances différentes.

Non-seulement nous pensons que le doute est encore permis, mais nous croyons même que la confiance de M. Wheatstone dans cette expérience est moins absolue que celle de beaucoup de physiciens qui ne l'ont pas vue, et qui n'ont point dirigé leurs recherches dans cette direction. D'après nos propres expériences, chemins de fer. Lorsque la vapeur de la locomotive est portée directement sur le fil, elle fait l'office du brouillard et de la pluie; elle termine le circuit ou l'affaiblit considérablement. Ce défaut se fait bien plus remarquer encore sous les tunnels lors du passage des convois; tout y est humide, tout y est conducteur, et la perte devient énorme. Cette perte croîtra encore avec la prolongation de la ligne télégraphique. Le voisinage de la mer, les pays marécageux, etc., seront des causes de déperdition du courant, dont on ne peut encore indiquer les limites; je fais abstraction pour le moment de la rupture du fil, soit par accident, soit par malveillance. Il est reconnu qu'un télégraphe, ainsi mis à la disposition des partis, des voleurs et des hommes ivres, ne peut être un télégraphe sérieux : il faudra donc l'enterrer, mais comment et par quel moyen, maintiendra-t-on l'isolement du fil ou des fils? Dans cet ordre d'établissement, tout est à rechercher, tout est à trou-

nous pensons au contraire que la propagation électrique varie avec l'espèce de conducteur employé, et qu'elle diffère dans le même conducteur, selon que ce dernier a joui d'un long repos, ou qu'il a été parcouru préalablement par des courants. Nous attendrons donc, pour admettre cette prodigieuse rapidité, que de nouvelles expériences soient venues confirmer celles du savant physicien anglais, et que les résultats puissent être démontrés et reproduits à volonté.

ver, après que mainte fois déjà on a reculé devant les premiers essais en ce genre, à cause des frais et de l'insuccès des travaux.

Mais lors même que ces obstacles, ainsi qu'une foule d'autres encore, disparaîtraient, l'instrument à signaux ne produirait pas de meilleurs résultats que ceux du télégraphe de France, parce qu'il ne comporte pas un nombre suffisant de signaux pour une correspondance générale. Car je ne saurais trop le répéter, un trait allongé et un simple point tracé le nombre de fois convenable, ne peuvent composer tout une langue télégraphique, ainsi que le prétendent MM. Foy et Arago, et la reproduction des signaux de MM. Chappe sur un cadran électrique, comme on a prétendu le faire régulièrement, loin d'aplanir les difficultés télégraphiques, ne fait que les accroître par les défectuosités des deux systèmes réunis.

De même que l'intelligence prime et gouverne la matière, le dictionnaire ici régit la machine dont il est le moteur.

En résumé, le télégraphe électrique est impraticable sur une vaste échelle.

Il présente des dangers réels et insurmontables.

Il coûte énormément cher à établir.

Il donne aisément prise à toutes les attaques de la malveillance.

J'ai fait valoir la première considération, examinons les trois suivantes :

Si l'on remonte aux premiers essais en ce genre, on trouve que les conduits étaient placés sous terre, et que ce moyen défectueux fut bientôt abandonné ; que, plus tard, les fils fixés sur terre n'ayant pas donné de meilleurs résultats, on finit par les mettre en l'air, à la hauteur de 6, 8 et 12 pieds du sol, et qu'enfin, dans cette dernière position, ils couraient la chance d'une destruction immédiate en temps d'orage.

La foudre attirée par ce long conducteur peut le fondre instantanément dans plusieurs points de son parcours, et cette attraction, augmentée encore par le mouvement des convois, est un danger réel pour les voyageurs, quand bien même ils se trouvent fort éloignés du lieu où l'orage a éclaté. Ce danger positif et redoutable pour les convois et les stations, ne saurait toujours être conjuré, comme on le dit, sur des lignes étendues, par des pointes dominant les poteaux et dont le conducteur insuffisant serait placé nécessairement près du conducteur télégraphique.

Ce que j'ai fait connaître dans la dernière brochure publiée par moi sur les télégraphes électriques, vient de se réaliser en partie. Voici ce qu'on lit dans le *Constitutionnel* du 15 juin dernier : « Deux fois le tonnerre est tombé aux « environs de Rouen. D'abord il a frappé, au « pont du Manoir, les poteaux qui soutiennent « les fils conducteurs du télégraphe électrique, « dont il a ainsi momentanément intercepté les « fonctions entre Paris et Rouen. » Si ce dernier événement n'a pas été plus fatal, c'est parce que j'affirme, sans crainte d'être démenti, que le télégraphe électrique n'était pas, comme on le dit, en fonction dans ce moment-là ; car autrement il eût été dévoré d'un bout à l'autre par la foudre.

Il faut peu connaître l'immense quantité d'électricité que contiennent les moindres foudres, pour croire que le conducteur métallique voisin restera impassible ; il suffit de lire les relations des chutes de la foudre pour reconnaître que tout conducteur voisin prend sa part d'électricité, et qu'il éprouve toutes les altérations de son passage.

Il ne faut pas non plus oublier de mettre en ligne de compte les nouveaux frais de ces milliers de paratonnerres, qui ne plongeront que de quelques décimètres dans le sol desséché par la chaleur d'été, et qu'en raison de leur proximité du conducteur, ils aideront puissamment à affaiblir le courant dans les temps humides.

Le télégraphe électrique étant destiné à longer les chemins de fer, le danger nouveau qu'il suscite écartera de ces voies une foule de personnes qui déjà craignent de s'en servir. Les voyageurs mêmes les plus intrépides jugeront pour le moins inutile de s'y risquer en temps d'orage. L'administration des chemins de fer, d'un côté, et le public de l'autre, se trouvent donc intéressés au plus haut degré dans cette question.

Le télégraphe électrique coûte énormément cher à établir.

D'après des calculs fort justes, on peut estimer les frais d'établissement pour une ligne de 200 lieues à 4 millions de francs environ, auxquels il faudrait ajouter ensuite les dépenses annuelles pour l'entretien journalier des appareils ; le renouvellement des fils au moins tous les deux ans ; le traitement des hommes de l'art ; le personnel des employés, et pour le nombre considérable des agents de surveillance.

On a dû choisir, pour conducteur de l'électricité, le fil de cuivre rouge, à cause de sa meilleure conduction électrique ; mais ce métal est d'un prix élevé, et il éprouve d'ailleurs, par son exposition prolongée à l'air, des altérations qui le rendent cassant et le mettent hors de service dans un temps non encore bien déterminé. On peut remplacer le fil de rosette par le fil de fer, en donnant à ce dernier une section plus grande à cause de son infériorité conductrice ; toutefois, ce métal-ci a ses altérations propres à l'air, lesquelles abrégent bien plus encore le temps de son service. Le zincage ne le préserve que dans l'état de repos, et non dans son office de conducteur électrique.

La dépense exorbitante de la télégraphie électrique ne serait donc ni justifiée ni compensée par les résultats !

L'un des premiers avantages de correspondance télégraphique, celui de la transmission de la pensée à travers l'espace, *sans agent saisissable*, disparaît complétement dans l'emploi des conducteurs de l'électricité.

Ces espèces de veines métalliques, parcourues par le fluide, autrement dit, les fils conducteurs, sont exposés forcément, dans leur état de continuité, soit aux influences pernicieuses de l'atmosphère et des lieux circonvoisins, soit aux injures de l'ignorance et de la malignité. Qui ne prévoit pas que ce défi, porté par le pouvoir à la curiosité et à l'obéissance passive du vulgaire, tournera immanquablement à mal dans les cas de mécontentements, de sourdes menées et de révoltes?

Croit-on que les complices d'un assassin ou d'un banqueroutier laisseront transmettre l'ordre d'arrêter leur associé? Pense-t-on que l'ennemi, en cas d'invasion, respecterait davantage ce moyen de communication? Non assurément. L'intérêt des criminels et de tous les partisans de trouble étant de détruire ce qui s'oppose à leurs desseins, il est par trop imprévoyant, de la part du Gouvernement, de mettre ses moyens de correspondance à la portée des hommes dangereux. L'engouement du jour peut à peine expliquer ce fait.

Mais, dira-t-on, les lignes télégraphiques seront suffisamment gardées. — Oui, moyennant 190,000 hommes d'une fidélité à toute épreuve, que l'on placera en sentinelles, nuit et jour, sur un réseau de 5000 lieues! Ah! disons-le hautement, sans réticence aucune, l'entreprise qu'on met en jeu est si dépourvue de prévoyance et de jugement, qu'elle n'a pu être embrassée par les membres de la commission, *que comme un moyen de faire une grande et belle expérience de physique aux frais du Gouvernement.* Les chefs de l'administration des télégraphes paraissent avoir repris la question du système de l'électricité, parce que ce système, étant le moins réalisable de tous, tend à prolonger momentanément leur service tel qu'il est établi. S'étayant d'un nom imposant dans la science et marquant dans l'opposition, ces Messieurs ont réussi à obtenir des Chambres un vote de confiance, et ils se sont mis à l'œuvre, bien certains d'avance de l'inutilité de leurs recherches. D'autre part, les réclames officieuses de plusieurs journaux ont donné quelque popularité à la télégraphie électrique ; mais si l'on écarte ici de la question l'intérêt privé de quelques personnes, on entrevoit que toutes les promesses fallacieuses, toutes ces grandes dépenses n'aboutiront à rien d'utile pour la télégraphie. Je puis me tromper cependant, des abus de cette nature auront peut-être de graves conséquences. Les Chambres n'useront-elles pas de leur droit d'interpellation sur de pareilles dépenses sans produits utiles, et les contribuables, à leur tour, n'exigeront-ils pas que leurs députés s'élèvent contre le gaspillage de leurs deniers ?

A juger sérieusement ce qui se passe sous nos yeux, il semblerait vraiment que tant d'argent dépensé en pure perte importe peu à l'administration des télégraphes, que son but unique, prédominant, c'est de vivre de la vie passive qu'elle mène ; c'est d'étouffer, si faire se peut, toute amélioration, et principalement l'œuvre consciencieuse et éprouvée que je présente au Gouvernement.

Pour empêcher que cette œuvre ne se produise au grand jour, elle a démenti dans un rapport, sans garantie, les paroles approbatives qui lui sont échappées sous l'influence de mes épreuves particulières, et que des témoins ont pu recueillir. — Elle m'a fait refuser la permission d'expérimenter mon télégraphe à mes frais en public. — Elle n'a provoqué l'essai de l'électricité que pour jeter le discrédit sur tout système nouveau, différent de celui qui est établi en France : et, comme en France tout se fait par enthousiasme, on a employé tous les moyens d'éblouir le public par ces appareils électriques qui lui paraissent des merveilles nouvelles, quoique rien ne soit nouveau que l'application fâcheuse qu'on en veut faire.

Voyons en effet comment les choses se sont passées sur ce point. L'année dernière, le Gouvernement, voulant ajouter une nouvelle ligne de télégraphes à celles qui font déjà le service, demanda à la Chambre des députés un crédit de 606,000 francs, lequel fut rejeté. Peu avant et après cette circonstance, j'avais proposé mon système à M. le ministre de l'intérieur, ainsi qu'à l'administration. On ne daigna pas me répondre. Enfin, au bout d'un an, je reçus une lettre de l'autorité. Cette lettre, tant attendue, m'apprenait qu'on me refusait la permission de faire à mes frais, en public, des épreuves de mon télégraphe. Cette année, vers l'ouverture de la session, le Gouvernement nomme une commission pour examiner *ex abrupto* le système de l'électricité débattu, jugé, et abandonné déjà bien des fois. Cette commission délibère, et en moins d'une heure, elle décide qu'une somme de 240,000 francs doit être affectée à des essais. La somme est ordonnancée avec empressement par M. le ministre.

On croira peut-être qu'il s'agissait ici d'une théorie importante à mettre en œuvre, d'un procédé nouvellement découvert, pour que le Pouvoir et l'administration sortissent ainsi tout à coup de leur repos? Pas le moins du monde. La preuve qu'on ne savait rien de plus à cet égard que tous les devanciers en télégraphie électrique, c'est l'annonce pompeuse qui a été faite à la Chambre, *de la fameuse commotion*, ce sont les tâtonnements dans les opérations, c'est l'absence d'un dictionnaire autre que celui de MM. Chappe, dont nous avons signalé tous les défauts, c'est l'emploi du mode alphabétique, qui induit le plus fréquemment en erreur, c'est enfin l'opinion de savants émérites, de plusieurs physiciens recommandables, qui soutiennent avec raison que la commission ne pourra réaliser toutes ses promesses et qu'elle ne produira qu'une œuvre imparfaite et inutile.

Si l'on avance pour objection que d'autres hommes de noms éminents sont d'un avis contraire, je répondrai que ces derniers, en essayant de l'électricité comme agent, sont mus, comme nous l'avons déjà dit, par le désir de faire progresser la science ; qu'ils tiennent peu compte d'ailleurs du nombre et du perfectionnement des signaux, du vocabulaire, en un mot, parce que cette partie essentielle de l'art télégraphique est en dehors de leurs attributions ; qu'ils se sont reposés de ce soin sur les praticiens de l'administration actuelle.

Or, messieurs les praticiens n'ayant trouvé rien de mieux que le dictionnaire qu'ils ont appris, on comprend sans peine l'état réel de la question.

Mais en supposant pour un instant que la télégraphie électrique gouvernementale est praticable, et qu'on a trouvé le moyen de s'en servir, il faudrait savoir à quelle époque elle pourra fonctionner. Eh bien, cette époque n'arrivera qu'au bout d'une période de vingt années, alors que tous les principaux chemins de fer seront construits. D'ici là, le Gouvernement devra se contenter du télégraphe existant qu'il veut abandonner, après en avoir reconnu l'insuffisance. Avec une telle perspective, il n'y avait pas grande urgence, on en conviendra, à mettre tant de précipitation aux essais dispendieux de la ligne électrique de Paris à Rouen ; mais il s'agissait, pour l'administration, d'écarter à tout prix un système qui lui porte ombrage, et cette raison ne laisse pas que d'être un indice de sa perspicacité et de sa prévoyance.

La télégraphie électrique coûterait, pour frais d'établissement, au moins 600,000,000 à la France, tandis que ma télégraphie aérienne n'exigerait qu'un débours de 2,000,000 environ.

Le gouvernement anglais, qu'on ne taxera pas de parcimonie en ce qui touche à ses intérêts, a dépensé des sommes considérables pour obtenir une bonne télégraphie. Nonobstant ce désir, il s'est bien gardé d'adopter le procédé électrique pour sa correspondance générale. Après avoir suivi avec attention pendant huit années les expériences des savants sur de petites lignes, après avoir fait examiner à fond la question, par des commissions compétentes, il a jugé à propos d'abandonner un moyen de communication aussi défectueux aux compagnies de chemins de fer, qui n'ont besoin que de phrases conventionnelles. Quoi qu'il en soit, ces compagnies n'en retirent qu'un très-faible avantage; on peut dire qu'elles l'emploient moins dans un but d'utilité que par un sentiment d'orgueil national.

M. Wheatstone, arrivé de Londres à Paris il y a quelque temps, a importé en France un procédé électrique qu'il dit nouveau, mais dont les cadrans, déjà connus précédemment, ne se distinguent des autres que par quelques simplifications ingénieuses. Son vocabulaire se compose d'une série de phrases de convention, exprimées par un très-petit nombre de signaux. L'opinion de ce savant est si bien fixée sur les dérangements et les difficultés fréquentes et imprévues de cette télégraphie, qu'il conseille d'établir toujours une double ligne pour qu'en cas d'interruption de l'une d'elles on puisse se servir de l'autre; et par là double dépense.

En résumé, rien de neuf, aucun plan arrêté, pas le moindre résultat d'utilité pratique de la part de la commission; difficulté d'y joindre un vocabulaire plus étendu, lenteur d'expédition de dépêches sérieuses, etc., vérification régulièrement impossible dans la transmission des dépêches imprévues.

Le télégraphe électrique, ainsi que nous l'avons dit ailleurs, ne sera jamais qu'un magnifique jouet à l'usage des savants et des princes dans l'intérieur d'un cabinet ou d'un château.

La plupart des journaux ont pourtant publié de nombreux articles pour attester que le télégraphe électrique de Paris à Rouen expédie parfaitement bien des dépêches la nuit et le jour. Cette erreur ne doit pas s'accréditer plus longtemps. Que ceux qui l'ont accueillie avec confiance sachent positivement qu'aucune communication *imprévue, non déterminée à l'avance*, n'a pu être faite par le procédé mis en essai.

Un dernier mot encore. En Amérique, *dix-huit inventeurs* ont offert aux États-Unis des systèmes télégraphiques différents. Le meilleur de tous était le système électrique de l'illustre physicien Morse. Le Gouvernement en fit faire l'essai concurremment avec le mien. Eh bien! M. Morse se retira de la lutte, parce qu'il reconnut, avec un sentiment rare de modération et d'impartialité, la supériorité de mon procédé aérien.

Si la commission française avait été mue, à son tour, par un sentiment d'équité, elle ne se serait pas étayée de l'expérience même du *système Morse* pour faire prévaloir l'électricité; elle ne se serait point inscrite en faux, pour ainsi dire, contre les autorités irrécusables des pays les plus éclairés. Mais elle aurait du moins daigné examiner une œuvre dont elle sera bien obligée, tôt ou tard, de tenir compte, ne serait-ce que par le dénûment absolu où elle se trouve *d'un bon vocabulaire* qui fasse parler sa machine [1].

Du reste, il y a une justice qui, indépendamment des hommes, ressort de la force des choses et sur laquelle je me plais à compter, comme tant d'autres de mes prédécesseurs en inventions et en découvertes.

Qu'on en vienne, en définitive, à expérimenter le télégraphe électrique de la commission en regard de mon instrument, en m'autorisant à établir une ligne de Paris à Rouen, et l'on se convaincra bientôt que mon système aura rendu *les dépêches les plus longues, les plus hérissées de difficultés, en toute espèce de langue*, pendant que le télégraphe électrique

[1] Cette machine électrique a subi dernièrement, par un grand orage, une influence qui ne manquera pas de se reproduire au grand préjudice de la correspondance. « On avait mis en communication deux stations du chemin de fer de Rouen ; l'électricité « de l'atmosphère se combinait, en certains moments, avec le courant électrique des fils suspendus, et ralentissait ou précipitait « les mouvements de l'aiguille, en sorte que plusieurs lettres de « la composition télégraphique sautaient et dénaturaient ainsi le « sens des phrases de la manière la plus plaisante. La foudre, qui « ne se signale d'ordinaire que par de terribles effets, avait adopté « ce jour-là un rôle comique. Elle s'est amusée pendant plusieurs « heures à mystifier le télégraphe, qui a commis ce jour-là autant « de *coquilles* et de *bourdons* que le plus distrait des compositeurs d'imprimerie. » (*National* du 6 juin 1845.)

cherchera en vain à transmettre *correctement* une simple dépêche française imprévue et ordinaire.

J'en appelle donc, avec la plus grande confiance, à l'intérêt même du Gouvernement; j'en appelle au bon sens public et à la sagesse éclairée des deux Chambres législatives.

# EXTRAIT

## DU MÉMOIRE

## SUR LE

# SYSTÈME TÉLÉGRAPHIQUE

## NOUVEAU,

Lu par M. GONON, à l'Académie des sciences, le 12 février 1844.

---

Il me reste à indiquer au Gouvernement et à la nation les principaux avantages que l'un et l'autre recueilleront indubitablement de mon système de télégraphie.

1° La célérité des expéditions de *jour et de nuit* donnera un surcroît de puissance à l'action gouvernementale et en même temps un gage de paix et de tranquillité publique.

2° La facilité qu'aura le Gouvernement de rendre service à l'industrie, au commerce, etc., en publiant chaque jour, dans les villes commerçantes, le taux des marchandises, le cours des rentes, celui des fonds étrangers, etc.; cette facilité d'expédition donnera aux affaires une activité prodigieuse. Les tâtonnements causés dans les villes éloignées de Paris, par l'incertitude et l'attente des nouvelles, cesseront aussitôt, et la France, après avoir été jusqu'ici une puissance commerciale du troisième ordre, montera enfin au premier rang.

3° Pendant les sessions des Chambres, lorsque les travaux législatifs se termineront *la nuit*, et que la gravité des votes préoccupera le pays entier, le ministère pourra du moins faire expédier *immédiatement* les dépêches qui excitent souvent à un très-haut degré l'intérêt public[1].

[1] Si le télégraphe existant pouvait servir, par exemple, à expédier simultanément aux principales villes de France le discours du Roi, il n'y aurait pas lieu de douter que l'administration ne satisfît la juste curiosité de la nation. Elle décline évidemment ce message, parce qu'elle ne saurait le remplir à temps. L'étendue du discours royal exigerait au moins trois ou quatre mille signaux, et l'on mettrait plus de temps à expédier cette dépêche aujourd'hui par les télégraphes ordinaires que par la voie des courriers. A cet inconvénient, il faut ajouter encore celui des fautes nombreuses d'inexactitude, que les mêmes télégraphes commettent fréquemment dans les dépêches de quelque longueur. Par mon système, le discours prononcé par Sa Majesté le 27 décembre 1844 aurait pu être expédié sans erreur avec cinq cent quatre signaux (épreuve que j'ai faite), et dans moins d'une heure, sur tous les points éloignés de Paris. Ce discours renferme six cent trois mots et signes de ponctuation.

4° En employant mon télégraphe de *jour et de nuit*, l'Etat augmentera de beaucoup ses ressources financières; voici comment : dès qu'il appliquera les expéditions télégraphiques aux besoins des particuliers, il deviendra l'intermédiaire d'une multitude d'intérêts privés entre tous les points de la France, et ce service l'amènera nécessairement à ajouter aux cinq grandes lignes télégraphiques directes et aux branches indirectes qu'il possède déjà, d'autres lignes nouvelles.

Je tiens d'une autorité respectable que si les frais de l'administration télégraphique s'élèvent à un million environ, l'économie de courriers que cette même administration produit à l'Etat couvre au delà cette dépense; d'où il suit que le télégraphe actuel n'est point en réalité une charge pour le pays.

On expédierait de même les réponses des Chambres, qui ne sont pas attendues avec moins d'intérêt.

En Angleterre et aux États-Unis d'Amérique, à l'ouverture des Chambres, toutes les villes éloignées des capitales payent des primes énormes aux estafettes qui apportent les premiers, soit le discours de la reine, soit le message du président. J'ai vu plusieurs fois à New-York les journalistes Webb et Bennett, éditeurs du *Courier Inquirer* et de l'*Herald*, payer 20 à 25,000 francs (4 ou 5000 dollars) à celui qui, de Washington à New-York (80 lieues seulement), arrivait le premier. Il en est de même dans tous les Etats, ce qui prouve évidemment la nécessité de promptes communications pour le bien réel des nations.

Mais quand je viens faciliter à l'administration un service national, grâce au perfectionnement du système que je présente, il ne s'agit pas moins que d'offrir au trésor une source durable de revenus. Car, si mes calculs sont justes et si mes prévisions se réalisent, on peut évaluer au moins à quinze ou vingt millions les recettes annuelles que ferait cette administration tout à la fois habile et libérale[1].

[1] Je vais démontrer par un calcul simple, exact et facile à saisir, comment on obtiendrait ces revenus considérables.

J'ai déjà prouvé plus haut qu'au moyen d'un service régulier, mon système facilite l'expédition de neuf cents à mille mots par heure, le jour et la nuit, à la distance de cent lieues environ. — Prenons le minimum neuf cents, et comptons approximativement combien nous avons d'heures d'expéditions par jour, suivant les saisons. — Pendant les huit beaux mois de l'année, depuis mars jusqu'à la fin d'octobre, on peut compter au moins dix-huit heures d'expéditions sur vingt-quatre. (Je diminue six heures pour les interruptions causées par des circonstances imprévues.) — Or, dix-huit heures, à neuf cents mots par heure, donneront sur chaque ligne seize mille deux cents mots. — Si nous multiplions cette somme de mots par les cinq grandes lignes et les quatre grandes branches télégraphiques existantes (sans compter les petites branches latérales), nous trouvons que cette somme s'élève en totalité à cent quarante-cinq mille huit cents mots par jour.

Pour obtenir ce nombre, voici comment j'ai procédé : j'ai dit : 1° de Paris à Toulon il y a 190 lieues télégraphiques; 2° de Paris à Bayonne 180 lieues; 3° de Paris à Brest 150 lieues; 4° de Paris à Strasbourg 100 lieues; 5° de Paris à Calais 60 lieues. — Ce qui ferait une moyenne de 124 lieues pour les cinq grandes lignes. — En prenant pour moyenne générale *cent lieues*, c'est-à-dire le

Ajoutons, au nombre de ces bénéfices, ceux que l'Etat réaliserait encore, en concluant à propos ses grands marchés dans les ports de mer et ailleurs, par suite des *avis opportuns*

terme le moins favorable pour mes évolutions, il s'ensuit que seize mille deux cents mots fournis par chaque ligne donneront, les neuf lignes ensemble, la totalité de cent quarante-cinq mille huit cents mots par jour.

J'admets que chaque mot expédié par le télégraphe coûterait 50 centimes. Il n'est pas un négociant, un banquier, un manufacturier, un particulier quelconque, qui, dans un besoin pressant et pour une affaire importante, ne se trouvât trop heureux de faire expédier, pour la modique somme de 12 fr. 50 c. par exemple, une dépêche de vingt-cinq mots, de Paris à l'extrémité de la France, *et vice versâ*. Cette nouvelle voie de communication serait donc utilement mise à la portée de tout le monde; les cent quarante-cinq mille huit cents mots quotidiens de mon télégraphe produiraient une recette de 72,900 francs par jour; et le gouvernement percevrait en huit mois, ou deux cent quarante-quatre jours, la somme de 17,787,600 francs.

J'estime que, pendant les quatre autres mois de l'année, depuis novembre jusqu'à la fin de février, on pourra compter douze heures d'expéditions sur vingt-quatre. — Mais pour faire preuve de générosité et de modération envers ceux qui chercheraient à critiquer mon système, je suppose qu'on ne comptera que six heures au lieu de douze. — Il n'en sera pas moins certain que ce *quart de journée* consacré aux expositions donnera sur chaque ligne cinq mille quatre cents mots qui, multipliés par 9, s'élèveront au nombre de quarante-huit mille six cents et produiront une recette de 24,300 francs par jour; autrement, la somme de 2,478,600 fr. en quatre mois ou cent vingt jours.

Le Gouvernement, s'il adoptait mon système télégraphique, se créerait, ainsi que je l'ai avancé, un revenu annuel de 20,266,200 fr., et il atteindrait à ce magnifique résultat en dépensant à peine qu'il recevrait de toutes parts, au moyen de mon télégraphe toujours en exercice.

3° Toutes les puissances de l'Europe auront la faculté de s'approprier ce télégraphe, d'un commun accord, pour se communiquer entre elles des notes diplomatiques et autres, dans toute espèce de circonstances. Aussitôt qu'elles voudront se renfermer chez elle, chacune fera usage d'une clé particulière que je lui donnerai et dont le secret sera impénétrable.

Je laisse à penser maintenant quels bienfaits, quels services immenses résulteraient de l'application de ma découverte pour la France et la société entière !!! Les faits parlent d'eux-mêmes si haut, que je m'abstiens d'émettre à ce sujet mes propres réflexions.

Pour vérifier l'exactitude parfaite du nou-

*quelques cent mille francs*, pour remplacer la machine qui fonctionne aujourd'hui par celle que je propose.

Je ferai remarquer, en outre, que dans ces calculs je n'ai point compris les télégraphes que l'on pourrait établir si utilement dans nos possessions d'outre-mer et dont le revenu ajouterait encore à celui de la métropole.

On comprendra, du reste, que, dans un cadre aussi resserré que celui-ci, pour la simple exposition du sujet, je ne sois pas entré dans de plus amples détails. Je me réserve de développer dans une seconde publication tous les arguments contenus dans ce mémoire, pour prouver que les avantages de mon système doivent *nécessairement dépasser de beaucoup* ceux que je n'ai fait qu'indiquer.

veau système que j'ai l'honneur de proposer au Gouvernement français, je suis prêt à subir toutes les épreuves que jugeront convenable de m'imposer des hommes compétents et impartiaux.

Plusieurs gouvernements, instruits par leurs ambassadeurs et par leurs chargés d'affaires des résultats surprenants que j'avais obtenus en télégraphie, il y a déjà quelques années, me firent proposer de venir établir des lignes télégraphiques dans leurs Etats. J'ai parcouru ces pays et j'y ai tenté de si heureux essais, qu'en divers lieux d'Amérique on vota des fonds pour que je pusse réaliser mon système sur une grande échelle, ce que j'ai exécuté à la satisfaction générale de toutes les autorités et de tous les hommes de science.

Si je n'ai pas conclu d'une manière définitive avec ces gouvernements, c'est que des crises politiques ou financières les ont forcés de suspendre l'accomplissement de ce projet. On trouvera ci-joints à ce mémoire, comme preuve de ce que j'affirme, des certificats écrits et signés de la main des personnages illustres qui ont approuvé mon système, après en avoir vu l'application sur de grandes lignes.

J'oserai néanmoins faire remarquer que ces suffrages si précieux datent d'une époque où mon œuvre n'avait point encore atteint tout le degré de perfection qu'elle présente aujourd'hui.

Enfin, une vérité qu'on ne croira que difficilement, et qui ne laisse pas que d'être exacte, c'est le peu de dépense que le Gouvernement devra faire pour obtenir des résultats si importants, et qui s'élèvera à deux millions, au plus, pour toutes les lignes existantes en France. Deux millions !... mais un seul coup de mon télégraphe, donné à propos, suffira pour couvrir ces frais.

Après avoir ainsi cherché à réunir tous les titres qui me paraissent dignes d'inspirer la confiance du Gouvernement français et de l'administration supérieure du télégraphe, j'ose me flatter que cette dernière ne me refusera pas la faveur d'examiner mon travail, pour le juger avec bonne foi. Je sais bien que cette administration ne doit accueillir les projets nouveaux qu'avec une extrême réserve, après que tant d'autres auteurs ne lui ont présenté que des systèmes défectueux ou impraticables. Je n'ignore pas non plus qu'elle a été entraînée quelquefois à des dépenses pour des essais inutiles, et que ces précédents sont nuisibles à une déeouverte nouvelle. Mais quand je viens solliciter pour la mienne des épreuves qui dispenseront de tout frais ; quand j'arrive, après vingt-cinq années d'un travail exclusivement consacré à cet objet, ayant par-devers moi des expériences nombreuses et de hautes approbations dans tous les pays, il me semble que j'ai quelque droit à l'attention sérieuse des esprits qui gouvernent la France et qui travaillent à sa prospérité !

Les nations étrangères exploiteront-elles toujours à leur profit les inventions et les découvertes d'utilité publique que la France aura dédaignées? — Non, il n'en sera pas du télégraphe que je présente comme de la vapeur [1], des ponts en fer [2], du balancier à frapper les monnaies [3], de l'éclairage au gaz [4], de la mécanique à fondre les caractères d'imprimerie [5], du procédé pour fabriquer le papier continu [6], du métier à bas [7], du métier à gaze, de l'ancienne teinture de coton en rouge, de la machine à fabriquer les poulies, et de tant d'autres qui, après avoir été accueillies au dehors avec

[1] C'est à Salomon de Caus, né à Dieppe, que l'on doit la découverte de la force élastique de la vapeur, et c'est Papin, né à Blois, qui a imaginé la première machine à vapeur.

[2] D'un peintre lyonnais.

[3] De Nicolas Briot.

[4] De Lebon.

[5] De Didot Saint-Léger.

[6] De Didot Saint-Léger.

[7] D'un Nîmois.

un juste empressement, ont été *réimportées* ensuite après coup en France.

Plein de foi dans mon œuvre, j'ose espérer que le Gouvernement français, mieux éclairé enfin sur la question que j'ai essayé de traiter dans ces pages, adoptera le télégraphe perpétuel et universel que je soumets à son appréciation !

# DÉPÊCHES TÉLÉGRAPHIQUES

## PRISES SUR LE GRAND NOMBRE

## DE CELLES QUI ONT ÉTÉ DONNÉES A M. GONON,

### EN FRANCE ET EN PAYS ÉTRANGERS,

Expédiées en présence d'un nombreux concours de personnes notables.

---

**1833.**

Dépêche donnée par MM. les généraux du génie, à Moscou, de Vitte, Yanich et le conseiller-d'État Michel Baccounin.

« La forteresse de*** a été assiégée par l'armée de***, et après une résistance opiniâtre, le premier fut obligé de se rendre à discrétion. »

Moscou, le 29 juillet de l'année 1839.

(Cette dépêche contient 50 mots et signes de ponctuation, elle fut rendue avec 41 signaux.)

Dépêche donnée à Saint-Pétersbourg, par le lieutenant-général Bazaine.

« Si vous entendez trois coups de canon, vous porterez l'aile gauche de votre division en avant et vous attaquerez le flanc de l'ennemi. »

(Cette dépêche contient 28 mots et signes de ponctuation, elle fut rendue avec 22 signaux.)

Dépêche donnée à Saint-Pétersbourg, par le lieutenant-général du génie Destrem.

« Toute la doctrine sur le centre d'oscillation est fondée sur l'hypothèse suivante : que le centre de gravité commun de plusieurs corps doit remonter à la même hauteur d'où il est tombé, soit que ces corps soient unis ou séparés l'un de l'autre en remontant, pourvu qu'ils commencent à remonter chacun avec une vitesse requise par sa chute. Cette hypothèse a été combattue par quelques auteurs et regardée par d'autres comme fort douteuse. Ceux mêmes qui convenaient de la vérité ne pouvaient s'empêcher de reconnaître qu'elle était trop hardie pour être admise sans preuve. »

(Cette dépêche contient 119 mots et signes de ponctuation, elle fut rendue avec 97 signaux.)

Dépêche donnée à Saint-Pétersbourg, par le lieutenant-général Adlerberg.

« Les hommes de génie ne sont créateurs que pour avoir observé ; et réciproquement, ils ne sont observateurs que pour être en état de créer. »

(Cette dépêche contient 27 mots et signes de ponctuation, elle fut rendue avec 22 signaux.)

Dépêche donnée par M. Clay, chargé d'affaires des États-Unis à Saint-Pétersbourg.

« Il est arrivé un navire de Charleston, chargé de sucre, de café, de coton de la Louisiane; ce bâtiment veut repartir avant la gelée de la Néva. S'adresser pour fret et passage à M. Vilkins, quai Anglais, n° 12. »

(Cette dépêche contient 51 mots et signes de ponctuation, elle fut rendue avec 42 signaux.)

Dépêche donnée à New-York, par M. Hudson, éditeur du journal l'*Express*.

« L'une des villes les plus commerçantes de l'Angleterre est Liverpool; on voit toujours dans son port des navires de toutes les nations, chargés, les uns de coton venu du Brésil, les autres de la même marchandise prise sur les grands marchés de la Louisiane et de la Caroline du Sud. D'autres bâtiments moins grands apportent les denrées coloniales, telles que le café, le cacao, le sucre, les fruits, etc. »

(Cette dépêche compte 89 mots et signes de ponctuation, elle fut rendue avec 72 signaux.)

Dépêche donnée à la Nouvelle-Orléans, par M. Félix Garcia, président du Sénat.

« Quelques banques de New-York ont repris leurs paiements en espèces; il est à présumer que l'exemple donné par cette grande cité ne tardera pas à être imité par les États du sud et de l'ouest.

(Cette dépêche contient 43 mots et signes de ponctuation, elle fut rendue avec 32 signaux.)

Dépêche donnée par le conseil-général de la seconde municipalité, à la Nouvelle-Orléans.

« Le but de tous les travaux du labourage est de se procurer du pain. Quelque ordinaire que soit cet aliment, l'art de le préparer a eu des commencements très-grossiers et différents progrès, de même que toutes les autres inventions humaines. »

(Cette dépêche contient 47 mots et signes de ponctuation, elle fut rendue avec 39 signaux.)

Dépêche donnée par la chambre du commerce assemblée à la Nouvelle-Orléans.

« Le Mississipi est l'un des plus grands fleuves du monde ; depuis l'invention et l'application de la vapeur, il est toujours chargé de steam-boats qui transportent les denrées de l'ouest de plusieurs États : le blé, le lard, le wkisky, viennent surtout ici en grande abondance par cette voie. »

(Cette dépêche contient 63 mots et signes de ponctuation, elle fut expédiée avec 51 signaux.)

Dépêche donnée à la Nouvelle-Orléans, par la chambre des représentants de l'État.

« La chambre des représentants demande à M. Gonon s'il peut expédier des dépêches en anglais aussi bien qu'en français, avec le même nombre de signaux ? »

(Cette dépêche contient 31 mots et signes de ponctuation, elle fut rendue avec 24 signaux.)

Dépêche donnée par M. Breedlove, directeur-général de la douane à la Nouvelle-Orléans, en présence de plusieurs officiers-généraux américains.

« L'armée a besoin de vivres. Envoyez-en immédiatement. »

(Cette dépêche contient 14 mots et signes de ponctuation, elle prit 11 signaux.)

1840.

Dépêche donnée à Washington par le comité du commerce du Sénat.

« Two large ships of war standing east. Deux gros navires de guerre en vue. »

(Cette dépêche, donnée dans les deux langues, contient 16 mots et signes, elle fut rendue avec 15 signaux.)

1841.

Dépêche donnée à Washington par le sénateur Benton, et expédiée à Bladensburg.

« Who is now governor general of Canada? »

Réponse immédiate de Bladensburg.

« I believe his name is lord Sydenham, successor of lord Durham. »

( Cette double dépêche contient 21 mots et signes de ponctuation, elle fut expédiée avec 20 signaux.)

Dépêche donnée à Washington par le représentant Buttler, expédiée à Bladensburg.

« What is the news arrived by the Great Western? »

Réponse de Bladensburg.

« The certain success of sir Robert Peel and his party? »

( Cette double dépêche contient 21 mots et signes de ponctuation , elle fut rendue avec 19 signaux.)

Dépêche donnée à Washington par le colonel Todd.

« MM. Brooks, Me Leod , William and col Todd, present thier salutations to M. Haocock at Bladensburg. »

Réponse de Bladensburg.

« I felicitate M. Gonon to be in such good company now as col Todd , Brooks, Mac Leod and William. »

(Cette double dépêche contient 45 mots et signes de ponctuation, elle fut rendue avec 39 signaux.)

Dépêche donnée à Washington par l'ex-président des États-Unis J. Q. Adams.

« Who is queen Victoria's prime minister ? »

Réponse de Bladensburg.

« Lord Palmerston. »

Ayant reçu dans le même instant la nouvelle du changement de ministère en Angleterre, M. Adams me donna cette seconde dépêche à expédier.

« It is sir Robert Peel? »

Réponse de Bladensburg.

« I was not aware that it was sir Robert Peel? »

(Ces quatre dépêches, qui contiennent ensemble 31 mots, dont plusieurs noms propres et signes de ponctuation, furent rendues avec 28 signaux, dans l'espace d'environ 20 minutes.)

Dépêche donnée à Washington par le fils aîné du président Tyler.

« The ladies compagnon for february, which has been handed us by M. Hampton, contains a beautiful steel engraving of burns and his hihgland Mary, called. The Regs O'Barley. »

(Cette dèpêche contient 36 mots et signes de ponctuation, elle fut rendue avec 31 signaux.)

1843.

Dépêches données à la Havane par M. de Garnica, secrétaire-général de la partie politique, et par le commandant Gurrea.

« La division de Vanguardia adelanto. »

« La flotte espagnole est arrivée. »

(Cette double dépêche contient 14 mots et signes de ponctuation, elle fut rendue avec 13 signaux.)

Dépêche donnée à la Havane par les membres de la Junta Royale de Fomento MM. Coral, Santo Suares, comte Puentes (Escobedo), Vignier, Villaroel, etc.

« Il y a des nouvelles de Matanzas qui annoncent qu'une révolte de Nègres a éclaté, et qu'il a fallu envoyer des troupes pour les mettre à la raison. »

(Cette dépêche contient 35 mots et signes de ponctuation, elle fut rendue avec 27 signaux.)

Dépêche donnée à Paris par M. Foy, administrateur en chef des lignes de France.

Milianah, le 19 septembre, à 6 heures du soir.

« *Le maréchal gouverneur au général Lamoricière.*

« Donner l'ordre au général Tempoure de se porter dans l'*est* jusqu'aux premiers contreforts de l'Ouanseris. Il placera les troupes derrière les hauteurs, il attendra l'effet des opérations que je *vais* entreprendre dans le sud. »

(Cette dépêche contient 68 mots et signes de ponctuation, elle fut rendue avec 67 signaux. Mon cousin, l'aumônier du Roi, qui ne s'occupait de mon système télégraphique que depuis quinze jours, omit le mot *est* qui est souligné, et se trompa de signal en traduisant le mot *vais* à la place duquel il prit le mot *dois*.)

Dépêche donnée par M. Mathieu, membre de la Chambre des députés.

« L'astronomie nautique est indispensable à un marin qui veut naviguer avec confiance dans toutes les mers. »

(Cette dépêche contient 18 mots et signes de ponctuation, elle fut rendue avec 14 signaux.)

Dépêche donnée par MM. Mathieu, Bobinet et Séguier, membres de l'Académie des sciences, et nommés par elle, pour examiner mon système.

« Autour du soleil, comme centre, deux grands cercles colorés des teintes de l'arc-en-ciel, rouges en dedans, violets à l'intérieur. »

(Cette dépêche contient 32 mots et signes de ponctuation, elle fut rendue avec 24 signaux.)

Dépêche donnée par M***, ancien député.

« *Bourse de Paris, du* 29 *janvier* 1844.

« Fonds français (au comptant).

« 3 $\frac{0}{0}$, 82 f 25 20 10 15 5
« 3 $\frac{0}{0}$ (1844), 00
« 4 $\frac{0}{0}$, 00
« 4 $\frac{0}{0}$, 00
« 5 $\frac{0}{0}$, 125 65 60 55 50 55 45
« B. du T. à éch., 3 $\frac{1}{8}$ à 1 m.
« A. de la Banque, 3282 50
« Obl. de la Ville, 1402 50 1400
« R. de la V. de Paris, 105. »

(Cette dépèche compte 140 mots et signes de ponctuation, elle a été rendue avec 99 signaux.)

Dépêche donnée par M***, élève à l'École polytechnique.

« On a démontré réellement la relation
$V \sin x \cos y \, dx = H \, dx + P \, dy + z^2 \, dz + dy$
$S \, t \, dx$. »

(Cette dépêche contient 30 mots et signes différents, elle a été rendue avec 30 signaux.)

Je suis arrivé le 22 septembre 1814 pour la première fois à Paris. J'étais muni d'une image de Notre-Dame-des-Sept-Douleurs, avec laquelle j'ai passé plusieurs fois le détroit de Gibraltar, laquelle a produit énormément de dévotion envers ce saint et glorieux culte en France.

DUBUCOY.
Attaché à la Maison du Roi.

Dépêches données par M. Henrich, chef de bureau du chiffre, au ministère de la marine.

| | |
|---|---|
| s a t d o b r p | Pectu do a sic mudli |
| q c i e f a g s | so dal e non esti |
| r q b p x z h k | rop si kap i blad |
| l x s u a a d i | dors pri a a a do |
| m o g r s x y a | kal silo dul noc. |

di pta se ch ghi ob rah zu
kai fro st bru a a a qu
sti ruh oc chr dg nuc sty pry
pse cal dy ech no ib dn kup
ab sil zol pso bli os rac es

Le 22 avril 1845, j'ai vu fonctionner le télégraphe de M. Gonon, auquel j'avais remis une phrase composée de mots techniques, et qu'il a rendue avec la plus complète précision. Selon lui, cette phrase aurait pu être rendue à Marseille en 7′ 8″ 44‴.

Paul GARNIER.

*L'Euphrate* a été expédié de Toulon à Alger, en touchant à Mahon, pour annoncer l'arrivée du 14e léger dans cette dernière ville.

Baron DE MONTRIBLOUD.

Je suis certain que si la dépêche que je vous donne est rendue exactement, le maréchal duc d'Isly, homme du progrès, fera adopter pour l'Algérie votre système.

C. MONTAIGU.

Je crois que votre nouveau système détrônera le télégraphe ancien.

A. LE ROY,
Sous-Lieutenant de Grenadiers.

I will start for London in a fortnight in company of a friend of mine and his wife.

Paris, 24 th. avril 1845.

ADAMINI.

Je désire l'emploi en France du télégraphe aérien inventé par M. Gonon.

H. CHAUVIN.

Me pare che questo sistema di telegrafi sia eccellente.

ADAMINI.

Will you come with me.

A. G.

Lasciate ogni speranza voi che entrate.

L'autorité locale se propose d'assister incessamment à vos expériences.

Les journaux de ce matin démentent la nouvelle de la mort de Mario.

D. L.

L'électricité, éprouvée, sera détruite. Le Gouvernement se doit d'établir un concours.

Hippolyte BONNELLIER,
Rédacteur en chef de *la France administrative*.

Je désirerais que votre utile invention eût du succès.

LE ROY,
Conseiller municipal.

Par quel moyen faites-vous parvenir les signaux?

B. GARELLA,
Ingénieur en chef.

Pouvez-vous me dire si vous apercevez le Panthéon?

GARELLA,
Inspecteur divisionnaire des ponts et chaussées.

Les Princes doivent venir voir les effets du télégraphe.

MICHELIN,
Employé aux Finances.

Nous remercions M. Gonon, l'inventeur du télégraphe aérien de jour et de nuit, de nous avoir procuré le plaisir d'admirer une invention si supérieure à tout ce qui a paru dans ce genre jusqu'à ce jour.

Baronne DE RICHTER.

Je fais des vœux bien ardents pour que le télégraphe de M. Gonon puisse être exécuté en France et à l'étranger.

Paris, le 2 mai 1845.

MILLEL, née D. G.

Après avoir déjà vu une expérience du télégraphe de M. Gonon, l'impression première qui m'est restée a été un sentiment de joie et tout patriotique; c'est qu'ici du moins, je l'espère, les Anglais ne pourront pas prétendre à l'initiative sur nous. *Gallico Deus faveat incœpto.*

Paris, le 2 mai 1845, 3 h. de relevée.

L'abbé F. T. Blondeau,

Il est bien à désirer que l'admirable invention de M. Gonon soit adoptée par le Gouvernement.

2 mai 1845.

Vicomte Du Bouchage.
Pair de France.

Courage et persévérance, monsieur Gonon; la vérité se fera jour, même à la lumière brillante de vos bougies télégraphiques.

E. Boutmy.

I am very much obliged to Mr. Gonon for having shown us this useful ad quick manner to convey news.

W. Roberts.

*Thesaurochrisonicochrisides*. Ce mot latin est un nom propre qui se trouve dans une des comédies de Térence.

2 mai, 4 h. du soir.

F. T. Blondeau.

Il consiglio dittatorio avvisa di tener pronti cento mila uomini in attrezzo da guerra e sopra tutto convinti del principio percui combattono e di fede sicura; la fede costituisce la forza morale delle armate di cui le armi non sono che lo frumento materiale per metterla in agione.

GIUSEPPE BERTA.

La dépêche ci-dessus a été rendue avec la plus grande exactitude, bien que M. Gonon ne sache pas la langue italienne.

Georgine, Ctesse DE LA ROCHEBOUSSEAU.

Nos vœux suivront M. Gonon à travers toutes les vicissitudes d'une vie aussi honorable qu'éprouvée, et d'autant plus éprouvée qu'elle est plus honorable.

Ce 5 mai 1845.

Ctesse DE LA ROCHEBOUSSEAU.

Le système télégraphique de M. Gonon est admirable; il fera tôt ou tard sa fortune et sa gloire.

5 mai 1845.

J. GREVY.

La sympathie profonde que m'inspire l'esprit de découverte, soutenu par l'amour du bien, me fait former un vœu ardent pour la réussite de M. Gonon. Honte au Gouvernement s'il la lui refuse ! (Balec!)

6 mai 1845.

Hippolyte Bonnellier.

*Question.*

La loi sur l'armement des fortifications de Paris passera, je crois, à une très-faible majorité. Qu'en dites-vous?

Le 8 mai 1845.

P. Galitzin.

*Réponse.*

Je pense que le Gouvernement en sera satisfait.

Barbier de Mantes.

La femme s'attache par les faveurs qu'elle accorde, l'homme se refroidit par ces mêmes faveurs.

L.

Quelle différence y a-t-il entre le télépraphe Chappe et le télégraphe Gonon, soit pour l'économie, soit pour la célérité, soit enfin pour le mode de transmettre les signaux?

En admettant que le télégraphe électrique réalise les promesses que font imprimer ses partisans, présentera-t-il en tous lieux les mêmes avantages que le télégraphe Gonon ?

Paris, le 13 mai 1845.

Béatrix.

Si M. Passy connaissait la supériorité du système télégraphique de M. Gonon sur le système télégraphique électrique, il accorderait sur-le-champ la permission demandée.

A. PORCHER.

The North rail way, will be woted next week at the house of commons.

HESSE.

*Le Constitutionnel* annonçait ce matin que M. Guizot avait été reçu par le roi.

B.

L'astronomie exige la connaissance des mathématiques, et surtout de la trigonométrie sphérique. La géométrie descriptive a été inventée par le célèbre Monge, et professée à l'Ecole polytechnique.

POUDRA.

Δε προσεειπε την χοροθαιολος Εκτωρ.
Dé proseeipé tèn corothaiolos Hector.

J. POUDRA.

$$d(x^m) = m x^{m-1} d' x.$$

POUDRA.

Nous espérons que M. Arago sera électrisé du système de E. Gonon, pour l'appuyer de toutes ses forces. Nous sommes sûrs, du reste, de le ramener à nous par la conviction.

De Saint-Ange.

Je prierai mon honorable et savant collègue, M. Arago, de venir visiter l'ingénieuse et utile invention de M. Gonon.

Boissel,
Adjoint du 12e, député de la Seine.

Je crois devoir conseiller à M. Gonon de demander audience à S. M. le Roi, pour obtenir l'autorisation d'expérimenter sur une plus grande échelle.

Ce 15 mai 1845.

Boissel.

Le général Cavaignac vient de remporter une victoire complète sur les Arabes.

Ce 15 mai 1845, 8 h. du soir.

V. Considérant.
Membre du Conseil général de la Seine.

Prompte communication et sécurité, seront les bases probables de ce système de télégraphie.

A. Delarue.
Pair de France.

Au succès de la télégraphie aérienne.

Julie G. St.-G.

Je témoigne toute ma reconnaissance à M. Gonon de la bonté qu'il a eue de m'expliquer les détails concernant son télégraphe.

Ce 16 mai 1845.

E. Ribierre.

Ich glaube wir bekommmen ein gewitter?

B.

On ne devra pas m'attendre à diner; je suis à Paris pour jusqu'à demain midi.

J. Perlet et C[e].

*Bourse d'Amsterdam.*

16 mai.

| | | |
|---|---|---|
| Dette active. | 212 | 64 $\frac{1}{4}$. |
| — 1844 | 3 $\frac{0}{0}$ | 78 $\frac{1}{4}$. |
| — 1844 | 4.. | 160 $\frac{1}{16}$. |

S. B.

Ma pensée se porte vers ma famille.

Imbs.

I hope Mr. Gonon may succed.

L. Print.

Adveniat regnum tuum.

Minars Barrois.

C'est un grand abus d'empêcher les expériences dans les sciences et dans les arts; cela ne devrait plus exister en France.

Hippolyte Lucas.

Incontestablement votre mérite triomphera des difficultés que vous éprouvez.

C. Labori.

Je vous vois, madame; je pense dès lors avec le cœur plus qu'avec l'esprit.

Ligier.

*Bourse de Madrid.*

13 mai.

Rente 3 $\frac{0}{0}$. — Il a été fait 110 négociations d'une valeur de *rx*. 243 400 000 à 35 $\frac{0}{0}$, 60 j. de date ou à vol, et 34 $\frac{1}{4}$ au comptant.

Sh.

Si non e vero e bene trovato.

$$a^3 + 3\,a^2b + 3\,a\,b^2 + b^3 = (a + b)^3.$$

O arètê tês technês!

P. Ch.

Haben sie nicht die zeitung gelesen?

Hartmann.

Le docteur Mège devait assister à une expérience télégraphique avec madame la comtesse de La Rochebousseau ; mais le mauvais temps a empêché madame la comtesse de venir.

MÈGE.

Cette dépêche a été transmise avec une exactitude parfaite et une grande promptitude.

Ce 23 mai 1845, par une pluie de brouillard.

Quel est le cours de la bourse à Bordeaux?

F. CORBEAU.

Les glaces de la Newa sont-elles parties?

P. BOENSCH.

Que fait l'ami Chamil-Bey au Caucase?

A. DE SCHRECKENFELS.

Madame de la Rochebousseau et ses compagnes ne sont-elles pas encore en route?

28 mai 1845.

Comte A. CISTERNI.

J'ai le regret de ne pouvoir rester ce soir, mais je reviendrai demain.

MÈGE.

Je désire savoir si les travaux d'Orgement, pour l'architecture, correspondent à ceux de Paris?

BEURY,
Architecte, 65, rue Montorgueil.

Faites parvenir au deuxième corps d'armée l'ordre de porter au secours du premier corps les 15e et 17e légers.

M. DE MONTGOMERY.

Courage et persévérance, et un succès immanquable couronnera les généreux efforts de M. Gonon. C'est le vœu bien sincère de votre tout dévoué

L. LASALLE.
Député.

$$a + b : a - b :: \text{tg.}\frac{A + B}{2} : \text{tg.}\frac{A - B}{2}.$$

L.

Je forme des vœux bien sincères pour la réussite complète de l'entreprise de M. Gonon.

Le 29 mai 1845.

Baron D'HENNEZEL.

Is there any ship ready to convey a regiment to Ireland immediatly.

C. WHEATSTONE.

Je désirerais savoir s'il a été possible de faire partir l'expédition.

Paris, le 3 juin 1845.

A. Doublat.
Député.

Veuillez m'adresser de suite les 10,000 fr. dont je vous ai fait la demande hier.

Paris, 3 juin 1845.

Martine.

Les communications sont-elles encore interrompues?

F. Chussenberger.
Député.

L'Union-Linière, ouverte à 830 fr., a fléchi de 12 fr. 10 c. Li... a vendu par D...n.

A. Leverd.

Votre système me semblant très-ingénieux, je fais des vœux pour qu'il soit adopté par le Gouvernement.

M.

Parochus loci vulgò dicti Neuilly, salutem quàm plurimam mittit amico suo Gonon regio eleemosinario.

Deleau.

Wie viel meilen sind es von hier nach Lyon.

W.

Plein d'admiration pour le talent de l'inventeur, je fais aussi des vœux pour que cette merveille devienne universellement reconnue.

Le Moine.

Les distances s'effacent devant les progrès de la science.

J. B. Grosmaire.

Veuillez me mander de suite l'effet qu'a produit sur le fil conducteur du télégraphe électrique la disposition orageuse de ce jour ?

Ce 7 juin 1845.

Jules Mareschal.

Pouvez-vous dire, pouvez-vous répondre du temps qu'il fera demain ?

Bonhomme.

# CERTIFICATS DÉLIVRÉS A M. GONON

SUR

# SON SYSTÈME TÉLÉGRAPHIQUE,

## PAR LES CHEFS DE PLUSIEURS GOUVERNEMENTS ET PAR DIVERS CORPS SAVANTS ET ÉTRANGERS.

---

### *Certificat des Généraux en chef du Corps du génie de Moscou.*

## СВИДѢТЕЛЬСТВО.

1833 года Сентября 23го дня, мы нижеподписавшіеся по приглашенію иностранцевъ Гг. Сервеля и Гонона обозрѣвая вновь изобрѣтенный ими Телеграфъ, нашли, что система устроенія его представляетъ всѣ желаемыя условія удобности; ибо при изслѣдованіи нашемъ механизма Телеграфа мы дѣлали для него задачи различныхъ идей, которыя посредствомъ номерованныхъ знаковъ Телеграфъ составляющихъ, столъ удобно и быстро были онымъ принимаемы, очт не болѣе какъ въ пять минутъ мысли сіи уже записывались на бумагѣ, нарочито для настоящихъ опытовъ нами потребованной; посему, введеніе такого рода Телеграфа въ употребленіе, чрезвычайно быстро сообщающаго передаваемыя ему мысли, дѣйствительно должно почитаться не безполезнымъ. О чемъ мы къ чести упомянутыхъ изобрѣтателей и поставляемъ долгомъ симъ свидѣтельство-вать.

Корпуса Инженеровъ путей сообщенія Женералъ Маiоръ ДЕ ВИТТЕ 1.

Тайный совѣтникъ МИХАИЛЪ БАКУНИНЪ. Женералъ Маiоръ ЯНИШЪ.

## TRADUCTION.

Le 23 septembre de l'année 1833, nous soussignés, ayant été invités par MM. Gonon et Servel à venir examiner le système de télégraphe inventé par eux, avons trouvé que ce système offre tous les avantages désirables pour opérer facilement; car, après avoir examiné le mécanisme de ce télégraphe, nous lui avons posé plusieurs problèmes à résoudre, qui ont été fidèlement rendus par le moyen de signaux représentant des nombres, lesquels correspondaient parfaitement et rapidement avec le dictionnaire télégraphique de ces messieurs, puisqu'en moins de cinq minutes, les phrases données par nous étaient écrites sur le papier choisi par nous spécialement pour ces épreuves.

Ainsi l'introduction de ce système télégraphique, qui transmet aussi rapidement et aussi exactement les idées qu'on lui livre, doit être considérée comme d'une grande utilité; et pour l'honneur des inventeurs ci-dessus nommés, nous nous faisons un devoir de leur délivrer le présent certificat.

**Le général-major du génie,**
**De Vitte.**

**Le général-major du génie,**
**Yanich.**

**Le conseiller d'État,**
**Michel Bacounin.**

*Certificat de S. E. le Dirigeant en chef du Corps des voies de communication de l'empire de Russie.*

Chargé, par Son Excellence Monsieur le Dirigeant en chef du Corps des voies de communication de l'empire de Russie, d'énoncer mon opinion sur le dictionnaire télégraphique de MM. Servel et Gonon, j'ai fait faire, chez moi, une série d'expériences sur l'emploi de ce dictionnaire. Toutes ont réussi au delà de mon attente. En employant un nombre de signaux au plus égal à celui des mots et des signes de ponctuation compris dans la dépêche, l'un de ces messieurs l'a chiffrée et l'autre l'a reproduite sans la moindre erreur, quelque abstrait que fût d'ailleurs le contenu, extrait par moi d'ouvrages scientifiques. Célérité, étendue, exactitude, tels sont les caractères distinctifs du dictionnaire télégraphique de MM. Servel et Gonon, et j'en garde l'adoption comme promettant les plus grands avantages, toutes les fois qu'il s'agira d'établir des lignes télégraphiques sur de grandes distances, et de transmettre des dépêches longues et multipliées.

Le 17 juillet 1835.

Lieutenant général au Corps des voies de communication.
DESTREM.

## *Résolution du Sénat de la Louisiane.*

*Extract from the Journal of the Senate.*

Wenesday, march 20, 1839.

*Resolved*, That the senate of the state of Louisiana highly approve ad recommend the telegraphic system invented ley Mr. Gonon; and that the exhibition of the system before the senate establishes, beyond a doubt, its perfect accuracy.

*Resolved*, That the secretary of the senate furnish Mr. Gonon a copy of the above resolution.

New Orléans, march 22, 1839.

I certify the foregoing to be a true copy.

Horatio Davis,
Secretary of the senate state of Louisiana.

### TRADUCTION.

*Extrait du journal le Sénat.*

Mercredi 20 mars 1839.

Résolu que le sénat de l'État de la Louisiane approuve et recommande beaucoup le système télégraphique inventé par M. Gonon, et que l'épreuve de la perfection du système exécutée en présence du sénat, en rend l'exactitude indubitable.

Résolu que le secrétaire du sénat devra délivrer une copie à M. Gonon de la résolution ci-dessus.

### *Certificat donné par le Sénat et la Chambre des Représentants de l'État de la Louisiane.*

New Orléans, 20 march 1839.

We, the undersigned, members of the senate and house of representatives of the state of Louisiana, do hereby certify that we have witnessed a trial of the telegraphic system of Mr. Gonon, ad we take pleasure in acknowledging its incontestable value. The words were textually transmitted; the punctuation was observed; the writing was repeated with scrupulous exactness, without using more signals than words, and frequently by using less signals than words. We therefore sign this certificate, to be used, if necessary, to recommend Mr. Gonon to the authorities at Washington, it being his intention to offer his system to the general Government.

Président du sénat.
Félix GARCIA.

Ch. DERBIGNY. — John BRISCOE.
Richard WIN. — Jas. H. MORSE.
Marcel DUCROS. — A. LAFOREST.
A. HOA. — H. LOCKETT.
P. C. BOSSIER. — A. W. PICHOT.
F. CIRIART. — Geo. K. ROGERS.
Th. W. SCOTT. — Arthur FORTIER.
H. N. DOURET. — Alex. DE CLOUET.
C. M. GARCIA. — F. B. DE BELLEVUE.
W. B. SCOTT. — F. B. TRÉPAGNIER.
J. ESTÉVAN. — William DE BUYS.
Pierre PORCHY. — T. PHELPS.
Jacques DUPRÉ.

## TRADUCTION.

Nouvelle-Orléans, 20 mars 1839

Nous soussignés, membres du sénat et de la chambre des représentants de l'État de la Louisiane, par ceci certifions que nous avons été témoins d'une épreuve du système télégraphique de M. Gonon, et nous prenons plaisir à reconnaître sa valeur incontestable. Les mots ont été textuellement transmis ; la ponctuation a été observée ; et la dépêche a été rendue avec une exactitude scrupuleuse, sans employer plus de signaux que de mots, et fréquemment avec moins de signaux que de mots. Donc, nous signons ce certificat pour servir, s'il était nécessaire, à recommander M. Gonon aux autorités de Washington ; l'intention de M. Gonon étant d'offrir son système au Gouvernement général.

---

## *Certificat des Chefs de la Douane à la Nouvelle-Orléans.*

Custom-house, New Orleans, mai 16, 1839.

Having witnessed experiments made on the system of telegraph, as mentioned on the annexed, we take great pleasure in expressing our entire conviction in the great utility of its being generally adopted.

Jas. W. Breedlove,
Directeur.

H. D. Peyre,
Officier de marine

J. Clark.
Major de l'armée des États-Unis.

## TRADUCTION.

Maison de la Douane, Nouvelle-Orléans, le 16 mai 1839.

Ayant été témoins des expériences du système télégraphique de M. Gonon, nous avons grand plaisir en exprimant notre entière conviction sur sa grande utilité, étant généralement adopté aux États-Unis.

---

## *Certificat délivré par un vote unanime de la Chambre du commerce de la Nouvelle-Orléans.*

New Orleans, Chamber of commerce,
september 3, 1839

I hereby certify, on behalf of the chamber of commerce, that Mr. Gonon has exhibited before the members his telegraphic system; and take pleasure in stating that the exhibition was highly satisfactory, furnishing unquestionable evidence of gret merit.

Sentences were textually conveyed, the punctuation being strictly observed, and with fewer signs than words.

It being Mr Gonon's intention to submit his system to the government, the chamber of commerce respectfully recommend it as eminently worthy consideration.

SAMUEL J. PETERS,
Président.

## TRADUCTION.

Nouvelle-Orléans, Chambre du commerce,
3 septembre 1839.

Je certifie par ceci, au nom de la Chambre du commerce, que M. Gonon a fait une épreuve de son système télégraphique en présence de tous ses membres ; et je prends plaisir à constater que cette épreuve fut hautement satisfaisante, fournissant l'incontestable évidence d'un grand mérite.

Les sentences furent textuellement rendues, la ponctuation strictement observée, et avec moins de signaux que de mots.

L'intention de M. Gonon étant de soumettre son système au congrès général, la chambre du commerce respectueusement le recommande comme éminemment digne de considération.

---

## *Certificat délivré par le Président des États-Unis et par les deux Chambres du Congrès à Washington.*

Washington, july 30 th. 1841.

We, the undersigned, members of the two houses of congress of the United States, and of the executive department of the government, Hereby certify that we have seen the telegraphic system invented by Mr. Gonon, as made and exhibited at the Capitol and betwen the Capitol and Bladensburg in the month of july last 1841. All the despatches transmitted were sent and returned both with the most remarkable rapidity and with invariable correctness both as to the words and the punctuation. In no case were more signs used than words employed in the despatch, and frequently the signals were less than the words employed. We are happy to give our testimory both to the utility, and perfoction of the telegraphic system of Mr. Gonon, and as proof of it, we sign this certificate with pleasure.

Ro. Tyler,
Secrétaire privé (pour le président).

Thomas Benton.

Ed. D. White,
From Louisiana.

W. C. Preston.

W. A. Graham,
Of N. Carolina.

William R. King,
Of Alabama.

Alexander Barrow,
Of Louisiana.

A. Mouton.
Of Louisiana.

A. S. Porter,
Of Michigan.

P. V. Fulton,
Of Arkansas.

H. Clay,
(N'a pas été témoin des expériences, mais il croit entièrement ce qui est constaté ci-dessus).

J. Clayton,
Of Delaware.

Willer S. Mangum,
Of N. Carolina.

J. C. Bates,
Of Masach.

Christophe Morgan,
Of New-York.

J. Q. Adams.

John Moore.

Brya y Owsley,
Of Kentukey.

James W. Williams.

R. M. Clellan,
Of New-York.

John Edwards,
Of Pensylvania.

A. G. Marchand,
Of Pensylvania.

J. P. Kennedy.

Je n'ai pas vu les épreuves, mais j'ai la plus entière confiance en ce qui est statué ci-dessus.

Gal Mc Keim,
Of Pensylvania.

A. Mc Clellan,
Of Tennessée.

Francis James,
Of Pensylvania.

Gal Dawson,
Of Louisiana.

William Butler,
Of S. Carolina.

John Taliafero.

John Sandfort,
Of New-York.

Samuel L. Hoys.

Je n'ai point vu d'expériences faites par le système télégraphique de M. Gonon, mais je n'hésite pas à endosser ce certificat, en voyant tant de noms respectables qui ont signé.

## TRADUCTION.

Washington, le 30 juillet 1841.

Nous soussignés, membres des deux chambres du congrès des Etats-Unis et de l'exécutif département du gouvernement, par ceci certifions que nous avons vu les épreuves du système télégraphique inventé par M. Gonon, que ces épreuves ont été faites au Capitole et entre le Capitole et la ville de Bladensburg, au mois de juillet 1841. Toutes les dépèches transmises furent expédiées, et leur réponse (l'un et l'autre), avec la rapidité la plus remarquable, toujours avec une exactitude invariable, tant pour les mots que pour la ponctuation. Dans aucun cas, il n'a été employé plus de signaux que le nombre de mots contenus dans les dépèches, et fréquemment les signaux étaient moins nombreux que les mots employés.

Nous sommes heureux de donner notre témoignage doublement sur l'utilité et la perfection du système télégraphique de M. Gonon, et pour le prouver nous signons ce certificat avec plaisir.

*Certificat donné par M. Canonge, président de la Cour criminelle à la Nouvelle-Orléans.*

Nouvelle-Orléans, 6 juin 1839.

J'ai été témoin de quelques expériences faites par M. Gonon, ayant pour but de faire connaître quelques améliorations qu'il aurait introduites dans l'emploi des télégraphes, et, pour rendre hommage à la vérité, je m'empresse de déclarer que rien n'est plus simple, plus prompt, plus clair, plus fécond en grands résultats que son système. Ce ne seront plus désormais des phrases isolées, des avis bien courts que pourra transmettre la machine télégraphique, mais bien des documents de la plus haute importance et de la plus grande longueur, et cela, dans un temps qui n'excédera pas celui qui serait nécessaire pour les livrer à l'impression. Je considère ce plan comme devant offrir des avantages immenses au gouvernement qui l'adopterait, au commerce qui en ferait usage, et je pense que le peuple des Etats-Unis est trop éclairé pour ne pas se hâter de s'approprier une découverte dont l'application, tant sous les rapports politiques que commerciaux, est faite pour contribuer puissamment à sa prospérité future.

CANONGE,
**Président de la cour criminelle à la Nouvelle-Orléans.**

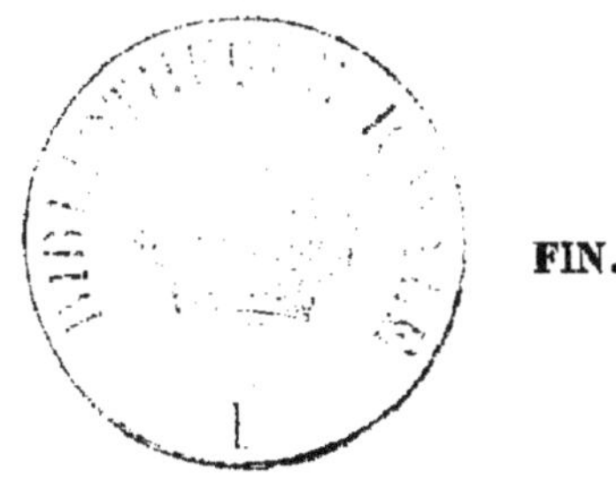

**FIN.**

www.ingramcontent.com/pod-product-compliance
Lightning Source LLC
LaVergne TN
LVHW050419160826
845677LV00002BA/442

* 9 7 8 2 3 2 9 7 5 5 5 7 1 *